예비교사를 위한

교육학 논리 및 논술

– 논리적 사고력 함양을 위한 기초 이론 –

예비교사를 위한

교육학 논리 및 논술

- 논리적 사고력 함양을 위한 기초 이론 -

신창호 · 장지원 공저

서현사

머리말

몇 해 전부터 교직에 몸담게 될 예비교사들에게 〈논리 및 논술〉이라는 교과목이 필수로 부과되었다. 이른바 '교직필수과목'으로 〈논리 및 논술〉을 이수해야만 하는 것이다. 그 취지는 먼저 미래의 교사들이 논리적으로 사고하고 토론하여 의사소통을 원활히 하고, 자신의 의견을 명석판명하게 주장하는 능력을 함양하는 데 있었다. 나아가 미래 세대들이 논리적이고 창의적인 사고와 실천을 통해 개인과 공동체의 삶을 성숙하게 만들어 가도록 지도할 수 있는 교사로서의 능력을 배양하는 데 있었다.

그런데 뭔가 잘못 이해하거나 오해하는 현상이 벌어지기 시작했다. '논리 및 논술'이라는 명칭 때문인지 논리학 강의나 논술 교육을 하면 되는 것으로 착각하고, 실제로 상당수의 교재가 교사들에게 논술 교육을 시키는 것으로 구성되기도 하였다. 그런 현상은 예비교사들이 학교 현장에 복무하게 되었을 때 학생들에게 논술을 지도할 능력을 향상하는 일에 불과했다. 그러다보니 많은 예비교사들이 '교육과 관련된 내용을 주제로 삼아 어떻게 글을 잘 쓸 수 있는가?'라는, 예비교사를 위한 글쓰기 과목처럼 인식하기에 이르렀다. 심지어는 임용고사의 논술 시험을 준비하는 과목으로 전락하기도 했다. 이런 상황을 목도하면서 필자는 '이건 아니다'라는 생각을 지울 수가 없었다. 뭔가 어긋나도 한참 어긋났다!

물론 논리적인 글쓰기 교육도 중요하다. 그것도 반드시 해야 한다. 그러나 논리적 사고가 밑바탕 되지 않고 토의와 논증의 기초도 다듬어지지 않은 상황에서, 그것은 공허한 글짓기로 전락할 소지가 다분하다. 적어도 대학에서, 그것도 미래의 교사들에게, 미래 세대를 맡아 가르칠 예비교사들에게, 글쓰기 교육이나 임용고사 논술 시험을 대비하기 위해 〈논리 및 논술〉을 교직필수과목으로 부과하지는 않았을 것이라고 판단한다. 고등교육기관인 대학의 교과목이 그렇게 수단적이고 기능적이어서는 결코 안 된다. 고등교육의 교양 수준을 감안할 때 논리적 사고력의 함양은 고등교육을 받는 사람들이 누려야 할 일종의 당위이다.

이 책은 그런 오해를 불식하기 위해 논리적 사고력의 함양을 바탕으로, 생각하고 말하고 글을 쓰고 표현하는 일련의 과정에 도움을 주기 위해 편찬한 것이다.

교사에게 요구되는 덕목은 교과목에 대한 전문 지식의 습득만이 아니다. 초·중등학교 학생들의 수준에 부합하는 논리적 사고와 의사소통 능력을 가르치는 기술을 체득하는 것도 중요하다. 나아가 상대방을 이해하고 배려할 수 있는 따스한 마음도 필요하다. 그것은 논리적이고 창의적인 사유와 분명한 자기주장, 상대방을 포용하는 토론의 예술을 발휘할 때 움튼다.

이 책의 내용은 모두 11장으로 구성되어 있다. 1장에서 7장까지는 교육과 논리적 사고의 필요성, 토의와 논쟁, 변증술, 수사학, 토론의 기술, 논증과 비논증 등 논리 및 논술에 필요한 핵심 내용을 정돈하여 안내했다. 8장에서 11장은 적절한 근거 제시와 비판의 사례를 제시했는데, 교육과 관련해 다차원적 논쟁을 일으킬 수 있는 언론 보도, 프레임 이론, 과학기술, 대중 선동 등을 중심으로 소개했다. 그리고 각 장의 말미에는 〈토의와 논쟁〉, 〈논술 탐구〉란을 추가하여 토론과 논술의 실제를 연습할 수 있도록 구성했다. 〈부록〉에서는 동양의 논리 가운데 중국 고대의 명가(名家)의 논리와 불교의 선종(禪宗), 이슬람의 논리학 등을 간략하게 소개해 서구와 다른 차원의 논리적 사고를 엿보게 했다.

아무쪼록 이 책을 통해, 많은 예비교사들이 논리적 사고와 토론의 기술을 실제로 연마하여 사고와 언어, 행위의 통일을 이룬 고등 교양인이 되기를 갈망한다. 생각하기와 말하기, 글쓰기는 물론 일상생활에서 설득력 있는 표현을 통해 지적 성숙이 있기를 기대한다.

2012. 7.

신창호·장지원 공저

| 목 차 |

제1장

교육과 논리적 사고의 필요성

교육에 대해서는 누구나 말할 수 있다. 교육에 관심을 갖는 만큼, 교육에 대해 자신의 주장을 펼 수도 있다. 그러나 더욱 중요한 것은, 내 주장을 억지가 아닌 합리적 논변으로 만들어줄 논리적 사고력을 가다듬는 작업이다. 논리적 사고력은 내 주장의 설득력을 높이고, 상대방의 주장을 더욱 잘 분석하도록 도와줄 것이다.

1. 교육에 관한 다양한 시선들

교육이란 무엇인가? 이 질문에 답하기란 아주 쉬운 것 같으면서도 매우 어렵다. 교육은 우리말로 하면, '가르치다', '기르다', '배우다' 등 다양하게 표현되고 그에 따른 해석도 천차만별이다. 하지만 정확하게 '교육'이 무엇을 의미하는지, '교육전문가'로 활동하게 될 사람들에게 질문을 던지면 명확한 답변을 얻기가 쉽지 않다. 왜냐하면 진지하고 진실한 교육을 다루기 위해, 교육전문가는 다양한 요소를 심각하게 고려해야 하고, 교육의 여러 영역에 대해 심도 있게 탐구해야 하기 때문이다. 그 활동의 과정에서 필수적으로 요청되는 것이 교육에 대한 논리적 사고이다.

한국사회에서, 자기 나름의 생각으로, 교육에 대해 언급하는 사람들은 이루 헤아릴 수 없을 정도로 많다. 교육계에 종사하는 전문가는 물론이요, 교육계에 종사하지 않더라도 제각기 한마디씩 얘기할 수 있다. 특히 학부모의 지나친 자식 사랑은 교육의 의미를 상당히 풍부하게 만들면서 그 의미를 희석시켜 놓았다. 그들은 '교육학 박사(Ph. D)'는 아닐지라도 '교육에 관한 한 박사', 이른바 '교육박사'처럼 보인다. 또한 다양한 분야에 속해 있는 사람들은 자신이 알고 있는 사회적 분위기에 따라 교육에 대한 자신의 관점을 갖고 있다. 그것은 그들에게 바람직한 교육활동의 기준이 된다.

엄밀히 말하면, 인류 사회에서 교육과 연관되지 않은 분야는 거의 없다. 왜냐하면 교육은 인간 삶의 원현상(原現象)이기 때문이다. 그러나 전문성이 강화되고 사회 분화가 극심해지면서 교육과 관계가 적은 것처럼 느껴지는 직종들도 많다. 그런 경우, 교육을 직접 담당하거나 교육관련 기관에 종사하는 것은 아니기 때문에 교육의 주체에서 멀어져 있는 것처럼 보인다.

하지만 반드시 교육과 직접적 연관이 있는 교육 주체들만이 교육에 대해 논의할 수 있는 것은 아니다. 교육과 간접적으로 연관이 있거나 보이지 않게 큰 영향을 미치는 존재들도 교육에 대해 충분히 논의할 수 있다. 그런 집단의 대표적인 사례들로 경제학자나 경영학자 등을 들 수 있다. 이들 역시 자신들의 이론과 관점에 따라 교육활동과 교육현상, 교육문제를 진단하고 처방할 수 있다. 이런 차원에서 교육을 말하는 데 필요한 다양한 이론과 기술에 대한 논의가 요청되고, 교육을 논하는 적절한 대상도 필요하다.

그렇다면 진정으로 교육을 말할 수 있는 사람들은 어떤 존재들인가? 전통적으로 교육은 '교사'와 '학생'이라는 두 주체를 상정하고 그 주체를 연결하는 매개인 '교육내용'으로 구성된다. 이러한 관점에서 보면, 교육에 대해 언급할 권리는 일차적으로 교사와 학생이 가지고 있다(김정환, 1996).

그러나 이러한 언급은 21세기 다원화 · 다양화 사회의 차원에서 보면 단편적인 발상에 머물 수 있다. 교육의 주체 측면에서 보아도, 현대사회의 교육은 다양한 주체들이 존재한다. 국가, 지역사회, 학교, 학부모 등 교육을 선도하는 집단과 개인이 다층적으로 존재한다. 이런 점에서 교육을 논할 수 있는 사람이 단순히 교사와 학생만은 아니다. 학부모, 교육당국, 기업, 일반 시민 등이 모두 해당된다. 학부모는 학생의 친권자인 만큼 학생들이 받는 교육에 대한 다양한 의사를 표명할 수 있다. 교육당국은 각종 교육기관에 필요한 제반 활동을 직접 담당하는 지원자이다. 따라서 교육의 과정에서 발생하는 다양한 문제들을 주도적으로 처리해야 하므로 이들 역시 교육에 대한 자신들의 의견을 개진할 수 있다. 아울러 교육을 통해 양성되는 인재를 선발하고 실제 활동을 담보하는 직장과 일터를 운영하는 기업체도 교육에 대한 자신들의 의견을 어느 정도 주장할 수 있다. 일반 시민 또한 마찬가지다. 일반 시민들은 국가 살림의 바탕이 되는 세금을 내는 납세자들이고 마땅히 세금으로 운영되는 모든 공·사립 교육기관에 대해 자신들의 의견을 주장할 수 있다. 물론 이 일반 시민들은 상황에 따라 학부모가 될 수도 있고, 학생이나 교사, 교육당국이나 기업가의 역할을 수행하기도 한다. 때문에 그들은 자신이 처한 자리에서 직분에 따른 주장과 동시에 시민으로서의 발언권을 가질 수 있는 것이다.

문제는 이러한 사람들이 교육에 대해 언급할 때 발생한다. 교육에 대한 그들의 관점이나 주장들이 과연 교육적으로 혹은 삶의 본질 차원에서 진실하고 타당하냐는 것이다. 왜냐하면 대부분의 사람들이 교육이라는 단어와 개념을 흔히 사용하지만, 그 실제 의미와 상황은 우리의 일상적 통념과는 다르기 때문이다. 따라서 교육과 비슷한 단어나 개념으로 쓰이지만, 실제로는 교육이라고 명명하기 어려운 여러 상황이나 개념들에 대한 논의가 심각하게 요구된다.

고도로 정치(精緻)한 수준의 지식이 중심이 되는 현대사회에서, 아무런 근거나 기준도 없이 함부로 교육에 대해 말하는 것은 시대정신에 어긋난다고 판단된다. 이제는 자신에게는 물론 타자들에게도 자신의 의견과 주장을 제대로 전달하고 상대방의 동의를 이끌어내며, 대화를 모색하고 상생의 길을 가는 것이 중요하기 때문이다. 교육은 21세기 대한민국은 물론 지구에 살고 있는 모든 사람들에게 해당하는 문제이다. 그만큼 누구나 교육에 대해 말할 권리가 있다. 분명한 것은 자신의 주장을 충분히 반영할 수 있는 정확한 근거와 방식을 갖고 주장을 펴는 노력이다.

2. 교육에서 로고스: 이성과 언어

'이성(logos)'은 기원전 6세기경 희랍의 문헌에서 처음으로 나타난다고 한다. 이때 '이성'은 '사고'의 새로운 명칭인 동시에 자연과의 새로운 관계를 의미했다. 그러나 이성은 결코 정의하기가 쉽지 않다. 왜냐하면 그것은 문제를 다루기 이전에 그 개념이 출현하게 된 역사적 · 사회적 조건을 살펴보아야 하기 때문이다. 근대 서구 관념철학의 선구자인 데카르트(R. Descartes, 1596－1650)는 이성을 '올바른 판단 능력'이라고 하였다. 이는 이성을 '올바른 사고 기능'으로 이해하게 만드는 근거가 되었다.

그러나 모든 형태의 사고가 올바를 수만은 없다. 사고란 어떠한 조건이 지켜질 경우에만 합리적일 수도 있다. 그리고 사고의 규범, 즉 사고 자체에 내재하는 원리와 사고를 합리적으로 만드는 원리가 존재할 것이라는 생각이 있을 수도 있다.

사고나 이성에 대한 이러한 생각은 플라톤(Plato, B.C. 427－B.C. 347)이나 아리스토텔레스(Aristoteles, B.C. 384－B.C. 322) 같은 희랍 철학자들이 발전시켰다. 이들이 고려한 이성에 대한 관심은 철학의 문제를 진리의 문제로 규정짓는 방향으로 나아갔다. 그들은 실제로 이러한 방법으로 논리적 사고에 접근함으로써, '대화의 질서' 혹은 '정돈된 대화'만이 의미의 세계, 이른바 '진실한 현실'을 보여준다고 간주했다. 현실세계에 대한 우리의 인식력에는 어느 정도 차이가 있다. 따라서 그 최상의 단계는 현실에 대한 사고를 정당화할 수 있는 이성을 통해 찾을 수 있다(H. Vallant, 1979).

'교육받은 사람(educated man)'은 이성적 사고를 바탕으로 논리적이고 합리적이며, 진정성이 담긴 설득력 있는 대화를 할 줄 안다. 이성과 언어는 인간에게 존재하는 뛰어나고 독특한 특징이기도 하다. 사람은 언어를 통해 자신의 사고와 감정을 타자에게 전달하고, 때로는 자기와의 대화를 통해 자신을 성찰하기도 한다. 사람들은 내 의견을 들어주기를 바라고, 내 주장에 다른 사람들이 동의하기를 바라고, 나의 감정을 공감해주기를 바라고 이야기를 한다. 또는 내가 원하는 방향으로 사람들의 행동이 변화되기를 원한다. 이러한 관점에서 볼 때, 언어를 통한 인간의 변화는 교육의 주요한 활동 중 하나다. 물론 모든 교육행위가 언어로 이루어지는 것은 아니다. 하지만 상당수의 교육활동은 언어를 통해 이루어진다.

그러나 언어를 통해서 이루어지는 주장에 대해 다른 사람들이 동의하는 것은 결코 쉽지 않다. 화자(話者)의 말을 듣는 청자(聽者) 역시 자신의 사유체계를 가지고 있고 상대방의 주장이 자신의 도식(schema)과 맞아떨어지지 않는다면, 얼마든지 그 주장을 거부할 수도 있기 때문이다. 이러한 부분에서 우리는 아무렇게나 주장이 이루어져서는 안 되며 그 주장을 뒷받침할 수 있는 적절한 근거가 필요함을 인식하게 된다.

신변잡기(身邊雜記)나 가십(gossip)거리를 이야기하는 수준이 아닌 자신의 주장을 펴기 위해서는, 주장이 분명하고 근거가 명확해야 한다. 적절한 근거를 제시하는 것 또한 쉬운 일은 아니다. 그 근거는 적어도 나에게는 논리 구조상 완벽에 가까워야 하고 동시에 다른 사람들도 납득해야 한다는 점에서 중층적이다. 아울러 내 주장을 완벽히 펴기 위해서는 상대방의 주장에 대한 정확하고도 냉정한 평가가 뒤따라야 한다. 상대가 펴는 억지 주장과 궤변에 대해서는 논리적인 반박과 논파를 통해 무력화시켜야 한다. 그 논리의 중심에 '언어(言語)'가 있다!

다시 강조하지만, 인간이 갖고 있는 여러 기능 중 가장 두드러진 것이 바로 언어를 사용하는 능력이다. 인간은 언어를 통해 다른 사람과 교류하고 의견을 교환한다. 내가 가진 의견을 제시할 수 있고 남이 갖고 있는 의견이 어떠한지 알아차릴 수 있다.

인간의 교육에서 언어는 중요한 위상을 차지한다. 언어습득은 가장 기초적인 교육목표이자 교육내용이 된다. 동시에 언어는 고급지식을 이해하고 터득하기 위한 기초 역할을 담당하기도 한다. 때문에 동서고금을 막론하고 학교에서는 반드시 언어와 관련된 교육이 이루어졌다.

3. 교육의 논리적 기반들: 토의와 논쟁

언어를 고도로 잘 사용하는 기술인 '변증술(辨證術)'과 '수사학(修辭學)'은 서구 교육의 핵심이었다. 자신의 논리와 주장을 펴는 행위를 할 때, 현대 한국인들은 다양한 언어 표현 양식을 사용한다. 논쟁(論爭), 토의(討議), 토론(討論)을 하기도 하고, 젊은이들 사이에서는 배틀(battle)을 사용하기도 한다.

토의에서 '의(議)'는 '의논하다'라는 뜻이다. 議는 '언(言)'자와 '의(義)'자로 구성된다. 여기에서 언(言)이라는 글자가 들어 있는 것으로 보아, 의논이라는 행위는 기본적으로 말로 이루어지는 활동임을 상징적으로 보여준다. 의(義)는 양(羊)자와 나를 뜻하는 아(我)로 이루어진 글자인데, 양은 신에게 바치는 제물과 같이 정결하고 신성하며 아름답고 올바른 것을 상징하고, 아(我)는 나의 마음 씀을 가리킨다. 요컨대, 議는 '타자와의 관계 속에서 언어를 통해 어떠한 것을 올바르게 정한다'라는 의미를 갖고 있다.

토(討)는 '치다' '때리다'라는 뜻 이외에도 '탐구한다' '연구하다' '찾다'라는 의미를 가지고 있는데, 언(言)과 촌(寸)의 합성어이다. 촌

(寸)은 '마디'를 가리키기도 하고, '촌수'를 뜻하기도 하며, 도량형, 기준이나 근거를 상징한다. 따라서 토(討)라는 단어에는 '기준을 이야기하다'라는 의미가 담겨 있다. 이런 문자적 의미에서 볼 때 '토의'는 본질적으로 '다른 사람과 말을 통해 어떤 대상의 올바른 상태와 기준을 정한다'라는 의미로 요약된다.

논쟁(論爭)은 서로 다른 의견을 가진 사람들이 각각 자기의 주장을 말과 글을 통해 다툰다는 뜻이다. 이 또한 자신이 가지고 있는 논리를 펼치는 활동이다. 여기에서 논(論)은 '말하다' '따지다'라는 뜻을 지니고 있는데, 책을 읽고 생각을 정리하여 말로 표현하는 활동을 의미한다. '다투다'는 뜻의 쟁(爭)은 원래 '손톱(爪)을 드러내고 손(又)으로 때리면서 싸운다'라는 의미다. 이런 점에서 '논쟁'이라는 용어에는 '자신의 말과 생각을 통해 다른 사람들과 치열하게 다툼을 벌인다'라는 뜻이 반영되어 있다. '논쟁'에서 '쟁'이 '손톱과 손을 드러내며 할퀴며 싸운다'라는 뜻을 지니고 있기에, 논쟁은 거칠고 상대방에게 상처를 주는 작업일 수도 있다.

이는 '쟁론술(爭論術)'로 번역되는 희랍어 '에리스티케(eristikē)'의 어원에서도 찾을 수 있다. '에리스티케'의 어원은 '에리스(Eris)'인데, 그것은 희랍의 음유시인 헤시오도스(Hēsiodos)의 『노동과 나날』에서 '불화(不和)'를 가리키는 신(神)의 이름에서 기원한다. '불화'라는 맥락에서 보면, 토의와 논쟁이라는 일련의 과정은 기본적으로 상대방을 자극하는 불편한 활동임에 분명하다.

토의는 세련된 언어와 면밀한 판단을 통해 이루어지는 이성적 활동이라는 점에서 심사숙고하는 양상을 보여준다. 동시에 다른 사람들의 감정을 해치고, 어떤 토의의 경우 그 승패가 분명하다는 점에서 감정을 자극하는 활동이기도 하다. 이러한 차원에서 희랍의 소피스트(sophist)들과 중국의 고대 사상가인 명가(名家)들은 토의에서 이기기 위해 고군분투했고, 키케로(M. T. Cicero, B.C. 106－B.C. 43)의 경우 법정에서 승리하기 위한 수사학과 관련된 다양한 기술을 제시했다.

그러나 이러한 토의와 논쟁의 본질은 토론에서 승리하기 위한 잔기술을 익히는 작업이 아니다. 실제로 잔기술은 누구나 익힐 수 있고 때로는 유용한 역할을 한다. 하지만 그 잔기술이 지향하는 바가 가려진다면, 인간의 지혜를 모으는 이성적 활동이라는 토론의 본질은 사라져버린다. 대신 나와 남을 가르고 승부에만 연연하는 감정적 활동만이 남을 뿐이다.

이러한 점에서 우리는 토론이 궁극적으로 지향할 바가 어떠해야 하는지 정리할 수 있다. 토론은 기본적으로 자기와 타자의 대결이다. 그런 점에서 개인과 개인, 집단과 집단 사이의 감정이 충돌하기 마련이다. 동시에 토론은 대화를 통해 올바른 방향이 무엇인지를 찾아가는 과정을 지향하는 활동이기도 하다. 서로가 기준에 대해 논의하고 어떤 기준이 가장 올바른지에 대한 의견을 모아가는 토론 과정을 통해, 공동체의 구성원은 다양한 주제에 대해 논의하고 나름의 결론을 내릴 수 있게 된다.

교육과 관련된 주제에서도 마찬가지다. 교육과 관련한 다양한 문제들은 제각각의 논리로 우리 앞에 다가온다. 교육에 관계하는 모든 사람들, 특히 교육전문가들은 이를 맞닥뜨리거나 때로는 새롭게 만들어야 할 필요성이 있다.

이러한 토의와 논쟁의 과정은, 플라톤의 표현을 빌리면, 지속적인 물음과 답변을 통해 가장 훌륭한 방향으로 나아가기 위한 ‘디알렉티케(dialektikē)’이다. 이른바 ‘문답법(問答法)’의 활동이다. 이 과정에서 누구의 주장이 옳고 누구의 주장이 그르다는 승패는 중요하지 않다. 승패는 어디까지나 일차원적인 것일 뿐 우리가 궁극적으로 지향해야 할 목표는 아니기 때문이다. 이는 시정잡배가 주장하는, ‘이기느냐 지느냐'의 논리가 아니다. 한편으로는 자신의 논리를 주장하고 상대방의 주장을 논리적으로 공략하되, 궁극적으로는 상대방의 주장까지도 모두 포용하는 과정이다. 중요한 것은 토론의 주제와 관련하여 보다 발전된 주장으로 나아가려는 노력이다.

4. 교육논리의 필요성

'논리(論理: logic)'라는 말을 사용할 때, 흔히 쓰는 용어가 '정치논리' '경제논리' '교육논리' 같은 수식어다. 이러한 용어들은 처음부터 고유한 단어로 사전에 등장한 것은 아니지만, 사회적으로 상당히 익숙하게 회자된다.

경제논리의 경우, 정치논리와 대조되는 표현으로 사용된다. 경제논리는 어떤 정책결정이나 의사결정 과정에서 가장 경제적인 방식, 즉 합리적이고 효율적인 방식으로 의사결정이 이루어져야 하며, 경제적 합리성과 효율성과 무관한 다른 요소들은 정책결정의 고려 대상이 되어서는 안 된다는 의미로 해석된다. 이와 대조되는 표현인 정치논리는 과학적 합리성 및 경제적 효율성과 부합하지는 않지만, 어떤 의사결정이나 정책결정에서 경제적 손해를 감수하더라도 정치가들의 판단이 존중되어야 함을 주장하는 말로 보인다.

교육논리라는 표현도 종종 발견할 수 있는 언표이다. 교육논리는 주로 교육계에서 이루어지는 어떤 의사결정 과정에서 정부의 정책 수립 또는 정책 결정을 비판하는 과정에서 종종 사용되는 개념이다. 예를 들어, 정부의 정책은 경제논리에 입각한 것으로 교육의 본질과 부합하지 않으며 교육은 교육논리에 따라 움직여야 한다는 주장의 논지가 그것이다. 교육활동이 전적으로 경제논리에 따라 좌지우지되는 것은 그리 바람직한 일이 아니다. 그러나 그것과는 별개로 다른 질문을 던져볼 수 있다. 과연 '교육논리'라는 것이 존재하는가?

정책적인 면에서 교육과 유사한 분야라고 할 수 있는 영역의 경우, 예를 들어 보건, 의료, 보육, 공공 서비스에 대해서는 의료논리, 보육논리라는 표현을 잘 쓰지 않는다. 하지만 교육논리라는 표현은 교육의 중요성이 증가하면서 사용빈도도 많아지고 이제는 일상어로 익숙해지기까지 한다. 이러한 교육논리라는 표현을 심각하게 고려해 보면, 교육, 그리고 교육을 다루는 학문인 교육학의 영역에 나름의 주체적이고 자체적인 논리 구조가 존재한다는 주장으로 보인다. 이러한 주장이 타당한가?

분명한 것은 교육논리라는 말을 쓸 때 등장하는 관점과 입장이다. 지나친 경제중심주의나 시장중심주의를 비판하기 위한 차원에서 교육논리를 사용하는 경우도 있고, 이와는 반대로 논자가 지나친 평등주의나 사회주의적 방식으로 인해 교육의 본질이 훼손되고 있다고 간주할 때도 교육논리를 강조한다.

이런 차원에서 볼 때 교육논리란 결국 각자가 생각하고 있는 이상적인 교육과 그 교육이 구체화된 현상을 의미하는 것이다. 그리고 다른 사람들의 생각이 자신들의 이상적인 교육이나 그 현상과 부합할 때 그 사람들의 주장을 논리적이라고 판단하고, 다른 경우에는 그것을 비논리적이라고 간주한다.

그러나 이러한 주장은 그 자체가 논리적이지 못함을 의미한다. 자신이 분명한 교육관을 가지고 있는 것은 그 자체로 볼 때, 바람직한 것이다. 교사를 비롯한 교육전문가들은 스스로 명확한 교육철학을 갖고 있어야 한다. 교육이란 무엇인지에 대한 형이상학적인 분석과 교육이란 이러해야 한다는 윤리학적인 검토도 할 수 있어야 하고, 동시에 그러한 활동을 하는 과정에서 논리학적 방법을 필수적으로 응용할 줄 알아야 하는 것이다.

참고자료 1 교육논리의 이해

교육논리와 조기유학

한국은행에 따르면 올 들어 지난 7월 말까지 유학과 연수비용으로 해외에 송금된 금액은 총 7억7710만 달러에 달했다고 한다. 이는 작년 한 해 전체 송금액인 6억9800만 달러를 이미 초과한 금액이다. 최근 3년간 외국어고, 과학고, 예술고 등 특수목적고 졸업생 100여 명이 외국 대학에 입학했다고 한다. 한국에서 대학까지 마치고 대학원부터 해외로 유학 가는 관행이 무너지고 있는 것이다.

미국 중동부에 있는 인구 20만 명의 도시 매디슨 초등학교와 중등학교에도 한국 학생들이 많이 공부하고 있다. 미국의 보딩 스쿨에도 한국 학생들이 없는 곳은 드물다고 한다. 이곳에서 공립학교는 무료지만 보딩 스쿨은 학비와 기숙사 비를 합쳐 2만5000달러가 넘는다. 교육청 통계에 따르면 이곳 공립학교에서 소요되는 학생 1인당 교육비는 1만400달러다 .

자식의 공부를 위해 아내를 외국에 보내고 한국에 남아 있는 아버지를 `기러기 아빠`, `한총련`(한국총각연합회)이라 부르는 신조어가 생기기도 했다. 기러기 아빠들은 자발적인 가족 해체로 이산(離散)의 아픔을 견디고, 보딩 스쿨의 학생들은 어린 나이에 이국땅에서 외로움을 참으며 공부하고 있는 것이다. 이런 현상을 일부 계층만 누릴 수 있는 호사스러운 아픔으로 치부할 수만은 없다. 많은 사람들이 우리 교육에 만족을 느끼지 못하고, 자식들의 앞날이 확실할 것이라는 보장이 없음에도 외국이 한국보다는 나을 것이라는 막연한 기대 때문에 한국을 떠나고 싶어 한다.

대부분의 사람들이 우리 교육에 문제가 많다는 것을 인정하고, 정부도 기회가 있을 때마다 새로운 정책을 입안해 실시하고 있지만 우리의 교육 현실이 체감할 수 있을 정도로 개선되고 있는 것 같지는 않다. 10년, 20년 전과 비교해 교육환경이 많이 개선됐지만 여전히 교육 현장은 학생과

학부모의 기대를 따라잡지 못하고 있는 것이다.

좋은 교육을 위해서는 무엇보다 교육 인프라가 구축돼야 하는데 정부 예산으로는 한계가 있다. 내년 전체 예산 111조3739억 원 가운데 교육예산이 24조3739억 원으로 적지 않은 비중을 차지하고 있어도 교육환경이 획기적으로 개선되지는 못할 것이다. 1인당 내야 할 세금이 사상 처음으로 300만 원을 넘어 무조건 국가예산을 늘려 교육환경을 개선할 수도 없는 노릇이다.

아무리 좋은 제도를 도입한다고 해도 교육환경을 개선하지 않으면 그 제도의 장점보다는 문제점만 드러나게 마련이다. 학교에 변변한 도서관 하나 없고 교사들의 업무가 과중한 상황에서 열린 수업이나 수행평가를 실시한다고 해도 그 제도의 장점이 드러날 수는 없다. 그럼에도 불구하고 그 제도의 장점이 나타날 것이라고 기대하는 것은 상수원이 말라 있는데 수도꼭지에서 물이 나오기를 기대하는 것만큼 어리석은 일이다.

이런 상황에서 우리에게 남아 있는 대안이 그렇게 많은 것처럼 보이지는 않는다. 현실성 있는 대안 가운데 하나는 자녀 교육을 위해 자신의 돈을 사용하겠다는 사람들에게 한국에서 돈 쓸 수 있는 기회를 만들어 주는 것이다. 그 형태가 자립형 사립학교이든, 다른 무엇이든 상관없다. 그렇게 하면 그런 학교에 간 학생들이 사용하던 교육비가 공립학교에 다니는 학생들에게 돌아가고, 가난한 학생들도 장학금으로 그런 학교에 갈 수 있는 기회를 얻게 될 것이다.

`자유는 평등보다 중요하다. 평등을 실현하려는 노력은 자유를 위태롭게 한다. 자유를 상실하면 자유롭지 못한 사람들 사이에서도 평등은 존재하지 않게 된다`는 것을 이제 우리 교육현장에 적용해야 할 때가 왔다. 교육을 평등을 위한 수단으로 생각할 것이 아니라 교육논리로 보아야 한다. 교육논리로 교육을 보지 않는 한 더 나은 교육을 위해 해외로 나가는 사람들은 줄어들지 않을 것이다(신중섭, 2002).

5. 교육논리의 주변 환경들

교사나 학생에서부터 일반 시민에 이르기까지, 교육은 누구나 자신의 주제이기도 하고, 누구나 발언할 수 있는 주제이기도 하다. 따라서 사람들은 다양한 이유를 들어 교육의 변화와 방향, 교육의 필요성을 주장한다. 한국사회에 익숙한 몇 가지 주장을 들면 다음과 같다.

- 지식기반사회와 무한경쟁시대에 걸맞은 새로운 인재양성을 위해 교육은 변화되어야 한다.
- 환경재앙과 핵전쟁의 위기에 직면한 지구사회를 변화시키기 위해 교육 분야의 변화가 요구된다.
- 급속히 발달하고 있는 새로운 가전기술 및 과학기술을 적극적으로 반영하는 새로운 교육이 필요하다.
- 왕따, 학교폭력, 청소년 성범죄 같은 비행과 범죄가 격화되고 있는 만큼 교육개혁이 이루어져야 한다.

위의 주장들은 현대 한국사회에서 익숙한 교육에 대한 논의들이다. 이러한 논의가 아니더라도 교육에 대해 누구나 얼마든지 다양한 주장을 할 수 있다. 중요하고 필요한 것은 논의를 하는 과정에서 요구되는 적절한 '근거'와 '사고'의 범위이다.

'교육'은 기본적으로 공동체를 살아가는 인간이 수행하는 활동이다. 때문에 교육의 필요성, 혹은 교육의 당위성을 주장하는 근거는 어디까지나 인간과 공동체에서 용인 가능하고 납득 가능한 주장들로만 한정되는 경향을 보이게 된다.

예를 들어, 고대 사회의 가장 대표적인 교육활동으로 간주되는 성년식(成年式)의 경우 "청소년들의 등가죽에 구멍을 뚫고 새끼를 꼬아 거기에 통나무를 매달아 끌고 다니도록" 했던 것으로 보인다(신창호, 2012b). 이런 성년식은 고대의 부족사회의 의례행위 차원에서 그 교육적 의미가 충분히 인정되었을 것이다. 하지만 현대 한국사회에서 이러한 성년식이 이루어진다면, 이는 아동학대 차원에서 그런 행위를 지시한 사람을 법적으로 처벌하거나 양육권을 박탈당할 수도 있는 큰 사건이 될 수 있다. 예컨대, 인권 개념과 같이 현대사회에서 수용되고 인정되는 가치와 행위들은 교육활동의 변화를 요구하는 주요한 근거가 될 수 있다.

반면, 비윤리적 · 반인권적 · 인종주의적 · 나치즘적 사고방식 등은 더 이상 교육활동을 요구할 수 있는 근거가 되지 못한다. 이런 차원에서 볼 때, 교육과 관련해 자신의 주장을 펴는 것은 단순히 교육문제에 대한 고민만을 담보하는 것이 아니라 사회가 지향해야 하는 가치와 사회 내에서 용인되는 가치와 규범, 윤리 등 다양한 것들에 대한 고민을 전제로 하는 것이다. 경우에 따라서, 이러한 근거는 범세계적인 것이 아닌 지역적 성격을 가진 것일 수도 있다. 이슬람은 일부다처제(一夫多妻制)를 허용한다. 그러나 이것은 이슬람 세계의 역사와 발전 과정에서 나타난 문화적 현상인 만큼 이를 갖고 문제제기를 하기는 곤란하다.

분명한 것은 자신의 주장을 강조하고 상대를 납득시키기 위해, 또한 상대 주장을 논파하기 위해서는 내 근거가 분명해야 하고 상대방의 주장과 근거의 허점을 공략할 필요가 있다는 사실이다. 그리고 주장과 근거를 분명히 하고 상대의 근거와 주장을 비판하기 위해, 나름의 공략과 기술들이 요구된다. 이른바 '교육논리'의 정립을 위한 다양한 기술들이 요구된다는 말이다.

참고자료 2 정치논리와 교육

정치논리가 교육을 지배하는 사회

우리의 교육정책이 자꾸 꼬여만 가는 이유 중의 하나가 교육 문제를 교육원리로 해결하기보다 정치논리로 해결하려고 하는 데 있다고 본다.

정책 수립은 첫째로, 교육본질 추구라는 교육원리가 잣대가 되어야 하고, 둘째는 교육현장에 기초를 두어야 한다.

교육원리 아닌 정치논리나 경제이론이 앞서고 교육현장의 여건과 정서를 무시한 관념적 당위성에만 매달린다면 그러한 정책은 교육현장에서 뿌리를 내리지 못하고 공허한 메아리로 끝나고 말 것이다. 교육정책의 일차적 오류는 교육현장을 잘 모르는 행정 관료에 의한 정책 수립에 있고, 이차적 오류는 학자들의 비현실적 자문에 있다고 생각한다.

교육현장의 실상을 외면한 채 형식적인 민주화 이론을 빌려 문제를 해결하려고 한다. 설혹 학교현장에 접근한다 해도 교육운동가의 목소리에는 귀를 기울이면서 교육실천가들의 이야기에는 귀를 막고 있다. 교육운동가의 의견을 듣는 것이 잘못되었다는 이야기가 아니다. 교육실천가를 개혁의 대상으로만 생각하는 정책 당국자의 기본인식과 자세에 문제가 있다는 것을 지적할 뿐이다. 균형 감각을 잃은 편견은 현장 진단을 그르친다.

교장의 임기제를 보자.

학교장의 독선을 막고 교원의 신진대사를 도모하기 위한 교장임기제는 거꾸로 젊고 유능한 교사들의 앞길을 막아 놓았다. 40대 후반에 교장 발령을 받는 것은 사실상 교직 정년 10년 이상을 단축하는 결과를 초래하기 때문에 40대가 교장을 원치 않게 되었다. 게다가 교장임기제는 교장의 고령화를 초래하고 전문직 인사의 무질서와 난맥상을 낳고 말았다.

교육자치제는 어떤가.

민선교육감의 시대를 열었지만 결국 이 제도는 부정부패의 온상처럼 되어 버렸다 대학 총학장선거제의 도입으로 학문의 전당인 대학은 학자간에 파벌이 조성되어 학문의 분위기가 망쳐지고 있다.

학교운영위원회를 보자.

학부모, 지역인사, 교사, 교장 모두 모여 학교운영에 공동 참여하여 공동으로 책임지자는 슬로건은 참으로 멋있다. 그러나 실제는 학교 현장에 선거제도를 도입, 분열 갈등을 조성하고 비능률, 무책임성을 드러내고 말았다.

이러한 제도를 만들어 낸 교육정책가들의 한결같은 논리는 교육의 민주화라는 정치논리였다. 그러나 그것은 형식적, 명목적, 상징적 의미밖에 없었다. 진정한 실질적 민주화와는 거리가 먼 것이었다.

교육의 민주화는 형식적 제도보다는 민주적 식견과 실천의지 그리고 운영의 자세가 보다 더 중요하다고 생각한다.

학교 보충수업이란 무엇인가? 사교육비 절감 방안으로서 사교육의 공교육화를 내세우고 있는데 이는 학부모의 부담을 줄이기 위해서는 학교교육이 왜곡되어도 좋다는 논리인 것이다. 교육을 단지 수단시하는 것으로 교육원리와는 먼 것이다. 보충수업의 이름을 빌려 학교를 입시위주의 학원화하는 것이 교육의 정상화에 반하는 것이라면 이를 중지해야 한다. 학부모가 원한다고 해서 그리고 학부모 부담을 덜기 위해서 보충수업을 해야 한다는 것은 정치논리에다가 경제논리를 더한 것이다.

과외대책도 마찬가지다.

이 문제를 정치논리로 접근하면 해결의 실마리를 찾을 수 없다. 과외가 과연 교육적으로 필요하고 현실적으로 효과가 있는 것인가를 따져 보아야 한다. 지금 우리 사회에 만연되어 있는 과외는 현실적으로 효과가 있기 때문에 하는 것이 아니라 효과가 있을 것이라는 기대심리와 학생 학부모의 불안 심리를 이용한 세력들의 충동질 때문에 하는 것으로 연구결과 밝혀졌다. 우리는 과외의 허상과 해독을 과학적으로 증명해 내면 된다. 그 후의 결정은 학부모의 몫이다.

지금 우리들은 뭔가 잘못 판단하고 있다. 더 무서운 것은 잘못 판단하고 있다는 사실 그 자체를 모르고 있는 것이다. 또 이보다 더 무서운 것은 알고 있으면서도 모르는 체하는 것이다.

교육은 정치가 아니다. 정통성과 민주성을 앞세우는 정치의 세계에서는 갈등 문제를 다수결로 풀어 나간다. 그러나 교육의 세계는 합리성과 타당성이 보다 중시된다. 따라서 교육은 다수결로 결정할 일이 아니며 또 다수의 여론이라 해서 이에 끌려 다녀서도 안 되는 것이다. 이는 학문과 예술이 다수결로 좌우되지 않는 것과 같은 원리이다.

다수결이라 해서 합리성과 타당성이 보장되는 것도 아니다.

열 마리의 양보다 길 잃은 한 마리의 양에게 더 신경을 써야 하는 것이 바로 교육이 아니겠는가. 교육을 지배하는 정치논리, 경제논리를 경계해야 한다(황수연, 2012).

토의 및 논쟁

1. 토의와 논쟁의 다양한 방식 중에서, 오늘날 젊은이들이 많이 사용하는 '배틀(battle)'의 의미에 대해 토의해 보자.

2. 과거 학교 현장에서 일어났던 다양한 활동들 중 오늘날에는 더 이상 통용되지 않는 것이 많이 있다. 그런 활동들을 열거해 보고, 더 이상 통용되지 않는 이유는 무엇인지 구체적 근거를 들어 토의해 보자.

3. '로고스(logos)'는 '이성'과 '언어'를 동시에 포괄하는 개념이다. 인간에게 '이성'과 '언어'는 어떤 맥락에서 상관성을 지니는지 논쟁해 보자.

4. '교육논리'가 등장하게 된 사회적 배경을 검토해 보고, '교육논리'란 무엇이며, '교육논리'를 세우기 위한 전제에는 어떤 것이 있는지 논쟁해 보자.

논술탐구

논술을 하기 위해서는 '논리적 사고'와 '논리적 근거', '명확한 진술과 주장'이 필요하다. 〈토의와 논쟁〉에서 활동한 내용을 바탕으로, 하나의 주제를 선택하여 자율적으로 논술을 탐구해 보자.

제2장

토의와 논쟁의 기원

교육의 주요한 양식 중 하나는 토의와 논쟁이다. 그것은 서구 고대 사회, 희랍인들의 삶에서 중요한 영역을 차지하였다. 희랍인들은 자신들의 여가를 대화와 토론을 위해 사용했고, 다양한 의견을 주고받으며 삶을 풍부하게 만들었다. 이러한 그들의 문화는 이후 서구인들의 삶에서 토의와 논쟁을 추동하는 논리적 사고의 바탕이 되었다.

1. 희랍의 여가와 토론문화

아리스토텔레스가 『정치학』과 『형이상학』에서 정의하듯이, 인간은 '정치직 동물(zōon politikon)'이자 '앎을 추구하는 존재(anthropoi tou eidenai oregontai phusei)'이다(*Metaphysica*, 980a). 하지만 인간은 호이징가(J. Huizinga, 1872－1945)의 지적처럼 호모 루덴스(homo ludens)로서 유희적 동물이기도 하다. 이때 '유희적'이라는 의미는, 인간이 가지고 있는 정신적 창조활동을 가리킨다. 호기심을 갖고 끊임없이 노력할 줄 아는 인간은, 자신이 속한 사회에서 다양한 경험을 갖게 되고, 그 경험들은 창조력으로 발달하여 인간의 물질문명 및 정신문화를 만들게 된다.

동시에 이러한 유희적 활동은 매우 교육적 활동이기도 하다. 희랍어에서 '아이를 의미하는 파이스(pais)', '유희를 의미하는 파이디아(paidia)', '교육을 가리키는 파이데이아(paideia)'가 모두 같은 어근을 가지고 있음은 시사하는 바가 크다. 학교를 가리키는 단어인 스쿨(school)이나 에콜(école), 슐레(schule) 등이 모두 여가(餘暇)를 가리키는 활동인 라틴어 스콜라(schola)와 희랍어 스콜레(scholē)에서 파생된 것도 마찬가지 의미다. 다시 말하면, 교육을 비롯한 인간의 문화적 활동 가운데 상당수는, 여가를 가진 유한 계층 사람들이 유희 차원에서 수행하던 활동에서 발전한 것임을 유추할 수 있다. 오랜 역사를 가진 서구의 대표적 교육활동인 변증술과 수사학 또한 동일한 맥락이다.

희랍의 아테네에서는 쟁론술, 즉 말을 통한 싸움을 통해 지적 승부를 가르는 게임을 즐겼던 것으로 보인다. 예를 들면, '정의는 보다 강한 자의 이익인가?'라는 테제를 내놓고, 질문자는 공격하고 답변자는 이 명제를 방어한다. 이때 '해가 질 때까지'와 같은 일정한 시간제한을 정해놓고, 제한된 시간 내에 답변자가 애초와는 다른 주장을 한다든가, 침묵한다든가, 욕을 하게 되면 질문자가 승리하고, 자신의 주장을 일정한 시간 동안 상대방의 논박에 대해 방어하면 답변자가 승리한다. 이런 말싸움은 많은 사람들 앞에서 이루어졌으며, 이때 청중들은 승부를 가려주는 심판관 역할을 하였다(김재홍, 2008). 현대 그리스인들도 토론과 논쟁에 매우 익숙한 것으로 알려져 있다(유재원, 2004).

이처럼 희랍인들은 토론에 매우 열정적으로 참여했다. 그들에게 토론은 일종의 게임과도 같았다. 희랍 사회가 가지고 있던 직접 민주정치는 이처럼 다양한 토론문화에서 파생되었다는 것이 일반적이다. 아리스토텔레스는 희랍인들이 토론에 열정적으로 참여했던 이유를 다섯 가지로 제시했다(김재홍, 2007).

첫 번째, 시민들의 지적 재능을 더 가다듬기 위함
두 번째, 지적 자만을 바로잡고 겸손하기 위해 참여
세 번째, 경쟁에서 승리하는 쾌감과 흥분을 가져옴
네 번째, 명성을 이용해 돈을 벌기 위함
다섯 번째, 철학적 쟁점 해결을 위해 참여

다섯 가지 중에서 첫 번째와 두 번째는 희랍인들의 다양한 토론 활동이 그 자체로서 교육적 기능을 갖고 있었음을 보여준다. 소크라테스는 오랫동안 아테네의 아고라(agora)를 돌아다니면서 소일거리 삼아 당시 젊은이들과 대화를 나누었는데, 그것을 디아트리베(diatribē)라고 불렀다. 디아트리베는 원래 '시간을 보내다(pass time)'라는 뜻을 가진 디아트리보(diatribō)에서 파생된 단어로 당초에는 '어슬렁거리면서 할 일없이 돌아다니는 것'을 의미하는 단어였다.

하지만 소크라테스는 아고라에서 시민들에게 질문을 던졌다. 그는 당시의 아테네 청년들과 대화를 하며 논쟁이 되던 주제에 대해 논의하면서, 청년들이 스스로 무지를 깨달아 진리를 찾아나가도록 유도했다. 이런 점을 감안하면, 그 자체가 교육적 행위를 뜻하는 활동이었다.

물론, 모든 아테네 시민들이 철학적이고 교육적인 활동만을 수행했던 것은 아니었다. 당시 아테네 시민들에게 정치활동은 매우 중요한 생활이었다. 때문에 정치활동의 바탕이 되는 경쟁에서 승리하는 연습과 이를 통해 쾌감과 흥분을 만끽하는 일도 말싸움을 통해 얻을 수 있는 부수적인 효과였을 것으로 생각된다. 치열한 논쟁을 매일매일 겪어야 하는 정치가들에게는 어떤 경우에도 오만방자하지 않고 스스로를 다잡으려는 노력 또한 필수적인 덕목이었다.

네 번째와 다섯 번째의 경우는 일반 시민들과는 다른 차원의 전문적 논쟁가들에게 해당하는 일이었다. 네 번째에 해당하는 인물들은 주로 소피스트들이었다. 흔히 궤변론자(詭辯論者)로 알려진 소피스트들은 지식을 파는 소수의 지식인 집단이었다. 그들은 특히 정치적 웅변술이나 설득술과 관련된 지식들을 다루었다. 대표적인 소피스트 고르기아스(Gorgias, B.C. 483?－B.C. 376)의 제자 이소크라테스(Isocrates, B.C. 436－B.C. 338)는 플라톤의 아카데메이아(Akademeia)와 거의 동시대에 수사학 학교를 세우고 시민들에게 연설문을 써주거나 토론에서 이기는 기술을 가르쳐주는 등의 활동을 했다. 당시 토론 가운데 매우 큰 비중을 차지했던 것은 민회(民會)와 법정에서 이루어진 토론이었다. 민회는 정치가들의 연설에 대한 시민들의 반응에 따라 정책이 결정되는 장이었고, 법정은 『소크라테스의 변론』에 등장하듯, 고소인, 피고소인, 증인의 연실을 배심원들이 듣고 판결을 결정하는 공간이었다. 따라서 민회의 시민과 법정의 배심원들과 같은 다수를 설득할 수 있는 설득술을 터득하는 것이 매우 중요했다. 이를 도와주는 사람들이 다름 아닌 소피스트들이었다.

다섯 번째는 이소크라테스의 수사학 학교와는 달리 플라톤의 아카데메이아나 아리스토텔레스의 뤼케이온(Lykeion)과 같이 형이상학적 · 자연학적 진리를 탐구하는 데 역점을 뒀던 학교에서 이루어져 온 활동이다. 플라톤이 진리를 찾기 위해 사용했던 주요한 방법인 문답법(dialektikē)[1]과 아리스토텔레스가 사용했던 실로기스모스(syllogismos: 연역추론)와 에파고게(epagogē: 귀납) 등의 방법은 이러한 토론의 과정에서 이루어지는 다양한 활동에 대한 설명이었다. 플라톤의 스승인 소크라테스가 사용했던 엘렌코스(elenchus: 논박)의 기술 또한 지속적인 대화를 통해 상대의 무지(無知)를 자각하고, 기존의 사람들이 갖고 있는 편견을 모두 제거하여 진정한 진리와 지식의 길에 이르도록 하는 데 그 의의가 있었다. 이런 차원에서 토의와 논쟁은 단순한 말싸움이 아니라 근본적 원리인 아르케(archē)를 탐구하게 한다는 점에서 매우 성숙한 당시 사람들의 지적 활동이었다.

---

1) 디알렉티케(dialektikē)는 일반적으로 '변증술'로 번역되고 있다. 그러나 희랍 사회에서 플라톤의 디알렉티케는 아리스토텔레스에 비해 상대적으로 치밀한 체계를 지니지 못하고 있기 때문에 여기에서는 플라톤의 디알렉티케는 '문답법'으로, 아리스토텔레스의 디알렉티케는 '변증술'로 구분하였다. 그러나 디알렉티케의 본질적 차원에서는 플라톤이나 아리스토텔레스 모두 '변증법'의 성격을 지니고 있다.

2. 다양한 대화의 방식: 변증술과 수사학, 그리고 네 가지 논의 형식

희랍인들은 대화와 토론에 적극적으로 참여했다. 그들은 무엇보다도 변증술과 수사학에 관심을 가졌다. 변증술은 다른 사람들과의 토론을 통해 최선의 결과를 이끌어내고, 진리에 도달하기 위한 하나의 과정이자 여정이었으며, 플라톤과 아리스토텔레스를 비롯한 철학자들이 많이 사용했던 방법이다. 수사학은 변증술과 비슷하면서도 토론에서의 승리를 지향한다는 점에서 차이가 있다. 요컨대, 변증술과 수사학이라는 두 가지 상반된 토론 방식이 희랍의 토론 양식을 대표한다고 해도 지나치지 않다.

변증술의 목적은 "우리에게 제기되는 다양한 사항에 대해 통념으로부터 추론할 수 있는 방법과 우리 자신이 하나의 논의를 유지하려는 경우에 모순을 저지르지 않는 방법을 발견하는 것이다"(김재홍, 2008: 391). 이때 변증술은 특정한 전문적 지식에 관한 것이 아니라, 인간이라면 누구나 알아야 하는 모든 문제에 대해 개입한다. 플라톤의 『국가』 7권에도 나타나듯, 문답법은 질문과 답변을 통한 진리 추구의 방법이다.

참고자료 3 플라톤의 『국가』 7권의 문답법 설명

■ 군 복무 기간 동안 스무 살이 된 자들 중에서 선발된 사람들이 남들보다도 더 큰 영예를 누리게 될 것이며, 또한 이들에게 실재의 본성에 대해 조망할 수 있도록 해야 한다. 그리고 진정한 실재를 볼 줄 아는 사람은 변증술에 능한 사람이다. (중략) 그러므로 재능 있고, 공부와 전투 및 법적 의무와 같은 면에서 확실한 사람들을 다시 선발해서 교육시켜야 한

다. 변증술적 논변 연습을 통해 이들의 재능을 시험함으로써 이들 중에서 누가 눈[目] 그 밖의 다른 감각의 이용을 포기하고서, 실재 자체(auto to on)로 진리와 더불어 나아가는지를 말이다.

■ 그러나 변증법을 익히기에 아직 부적절한 젊은 사람들에게 변증법을 시도하면 어떨까? 이런 사람한테 '아름다운 것'은 무엇인가라는 질문이 던져지자, 그는 입법자한테서 들은 걸 대답하고, 논변(logos)을 통해 이를 논박하는데, 이 논박이 여러 차례에 걸쳐 여러 가지 방식으로 행하여져, 그는 입법자한테서 들은 것이 아름다운 것도 추한 것도 아니라는 의견을 갖게 될 것이다. 또한 '올바른 것', '좋은 것' 그리고 그가 가장 존중해 왔던 것들 역시 마찬가지일 것이다. 그들은 더 이상 어떠한 것들에 대해서도 존중하고, 복종하지 않을 것이다.

■ (반면 충분한) 나이가 든 사람은 이런 광기에 관여하려고도 하지 않으며, 놀이를 위해 놀이를 하며 반박을 하는 자보다는 변증술적 논변을 하며 진실된 것을 고찰하고자 하는 자를 흉내 내려고 할 것이다. 또한 이 사람은 스스로 더욱 절도 있는 사람으로 될 것이며, 이 활동을 불명예스럽기는커녕 한결 더 영예로운 것으로 만들 것이다.

■ 변증술적 논변에 참여토록 할 사람들은 성향에 있어서 예절 바르고 견실해야만 하며, 따라서 지금처럼 적합하지 않은 사람이 이에 접근하는 일이 없도록 되어야 할 것이다. 그리고 이러한 논변을 연습하는 기간은 5년 정도는 되어야 할 것이다.

출처 플라톤, 『국가』 538a－539d

아리스토텔레스는 그의 변증술에서 우리에게 익숙한 일반적 통념을 가리키는 엔독사(endoxa)에서 추론하는 방법과, 모순 없이 논의를 유지하는 방법의 두 가지 목표를 지향한다. 전자는 질문자의 역할이고 후자는 답변자의 역할이다. 따라서 질문자는 주어진 문제에 관해 엔독사인 전제로부터 추론을 구성할 수 있는 능력을 가지고 있어야만 하고, 답변자는 제기된 논의에서 논리적 오류를 식별할 수 있는 능력을 가지고 있어야만 한다. 이 통념에서 출발하여 진정한 형태의 진리에 이르기 위한 활동이 바로 변증술인 것이다(김재홍, 2008: 391).

한편, 수사학에 대해서는 희랍 사회에서도 상반된 견해들이 존재했다. 플라톤은 수사학이 "시민들의 올바른 판단을 호도하고 쾌락을 올리는 기능을 한다"고 보고, 그것에 대해 비판적인 시선을 갖고 있었다. 반면, 이소크라테스는 플라톤과 대조적인 입장을 취하였다. 이소크라테스는 "수사학은 한 개인이 시도하는 발언에 대한 적절한 근거를 제시함으로써 시민들에게 도덕적인 신뢰와 올바름을 인정받는 인격을 기르는 활동이다"라고 정리하며 수사학의 가치를 옹호했다.

플라톤과 이소크라테스의 시대를 모두 경험한 아리스토텔레스는 두 학자의 입장을 정리하면서, "수사학은 일종의 능력으로 매 순간 각각의 상황과 사건에서 설득의 매개와 근거를 발견하는 기술이다"라고 표현하였다. 세 주장을 종합해보면, 수사학은 결국 '설득을 하는 작업'이며, 그 설득을 위한 적절한 근거를 조리 있게 제시하는 기술을 의미하는 것이다(안재원, 2006). 아리스토텔레스는 플라톤의 제자임에도 수사학 비판자들의 주장을 반박하면서 수사학의 훈련과 사용을 명료하게 정당화 했고, 이는 오늘날에도 널리 인용되고 있다.

아리스토텔레스의 주장은 크게 세 가지로 정리할 수 있다(Coulet, 1996: 161－162).

첫째, 진실은 허위보다 더 많은 설득력을 가진다. 그런데 진실한 소송인들이 거짓된 상대방과의 소송에서 지는 경우를 우리는 어렵지 않게 볼 수 있다. 아리스토텔레스에 따르면, 이는 그들이 기술적으로 무지했기 때문이다. 적절한 토론 기술을 갖고 있어야만 상대방의 거짓 주장을 논파할 수 있다. 따라서 수사학 교육은 매우 중요하다.

둘째, 우리가 아무리 정확한 지식을 보유하고 있다고 해도, 이것 하나만으로는 설득하기 힘든 사람이 있다. 지식에 바탕을 둔 연설은 교육을 통해 형성된 교양 있는 사람들만이 납득할 수 있으며, 교육 부재로 충분한 교양을 갖지 못한 사람들에게는 증명과 담화를 통해 논리적인 증명을 하는 것은 불가능하다. 아리스토텔레스는 전문가는 비전문가인 청중들에게 그들이 알아들을 수 있는 말로 설득시켜야 함을 주장한다. 수사학은 이런 차원에서 꼭 필요하다.

셋째, 반박하기 위해서는 상대방의 주장을 미리 예상할 수 있어야 한다. 인간의 고유한 특성은 언어를 사용하는 것인 만큼, 전사(戰士)들이 무기로 자신의 몸을 방어할 줄 알듯이, 인간이라면 누구나 언어(logos)를 이용한 다른 사람의 공격을 막아낼 줄 알아야 한다. 수사학은 이를 위한 적절한 기술이다.

이렇게 볼 때 아리스토텔레스에게 수사학은 설득술의 성격도 있지만, 보다 근본적으로는 "여러 경우와 상황에 따른 설득 수단을 발견하는 기술"이기도 한 셈이다.

〈표 2-1〉 변증술과 수사학의 차이점

	변증술	수사학
지향	철학적 앎과 지식	실용적 목적 봉사
구성	질문과 답변	장문의 연설
형식	두 사람 간의 대화와 토론	한 명의 연설가와 청중
기능	비판적, 통제 조절적	생산적 구성적 경향
증명	연역, 귀납 논리증명	논리+인간적 신뢰, 감정
표현	별로 중요하지 않음	매우 중요함

사람들 사이에 말을 통해 이루어지는 활동이 반드시 논쟁과 토론만 있는 것은 아니다. 사람들의 말은 때로는 감정적이고 때로는 탐욕과 분노에 바탕을 두기도 한다. 하지만 대화를 통해 이루어지는 이성적 논의(logos) 활동에 초점을 맞춰보면, 크게 네 가지의 논의 방식이 있다. '교수적 논의', '변증술적 논의', '검토적 논의', '쟁론적 논의'가 그것이다(*Peri Ton Sophistikon Elenchon*, 165b1－15).

첫째, 교수적 논의는 답변자의 의견으로부터가 아니라 배우게 되는 각각의 분야에 고유한 원리들에서 출발해 추론하는 것이다. 이 논의 과정에서는 교사와 학생으로 구분하되 학생이 교사와 교육내용을 믿고 받아들여야 한다. 그러나 학생이 교사의 교육내용을 일방적으로 수용하지만은 않는다. 각 교육내용을 습득하게 되면 그 과정에서 추론의 과정을 거치고 그 추론의 과정은 교육의 완성으로 이어지기 때문이다.

이는 '강(講)－습(習)－토(討)－론(論)'의 과정으로 대변되는 유교의 교육과정에서 '강(講)'과 상당한 유사성을 보인다. 강(講)은 말 그대로, 독서하고 풀이하고 해석하는 강의를 통해 배움을 강구하는 과정이다. 이는 모든 교육행위의 첫 번째 단계에서 기본적으로 이루어진다. 주로 먼저 깨달은 스승이 주도적으로 행하는 작업이다. 그렇다고 제자가 수동적인 것은 아니다. 제자는 이에 적극적으로 참여할 의무가 있다. 참여하여 널리 배워야 한다. 그것은 '중용'의 박학(博學)에 비견할 수 있는 활동이다(신창호, 2012c: 275). 학생은 적극적으로 참여하는 과정에서 교사와 다양한 논의를 주고받게 되는데, 그것이 바로 교수적 논의인 셈이다.

중세 서구의 대학(universitas)에서 실천된 교육과정을 보면, 렉티오(lectio: 강독)와 쿠아에스티오(Quaestio: 질문)를 통해 고전을 읽고 그것을 완성하는 과정을 거치는 경우가 많았다. 이는 아리스토텔레스의 교수적 논의와 맥을 같이하고 있다(이광주, 2008).

〈표 2-2〉 유교의 강습토론 교육과정

단계별	주요내용	의의
강	독서, 풀이, 해석하는 강의	먼저 깨달은 스승의 주도적 작업
습	연습하고 스스로 익히는 반복숙달	의혹이 있는 부분을 스승이나 동학들에게 묻는 과정
토	토의를 통해 의견 교환하고 생각을 가다듬음	타인과의 대화를 통해 사색의 저변을 확충
론	토의 과정을 통해 얻은 제반 이론과 실천의 양식을 명석하게 시비를 가려 표현	자신의 교육적 성과를 총괄하는 배움의 단계

둘째, 변증술적 논의는 앞에서 언급한 것과 같다. 다시 강조하면, 변증술은 "제기되는 다양한 사항에 대해 통념으로부터 추론할 수 있는 방법과 하나의 논의를 유지하려는 경우에 모순을 저지르지 않는 방법을 발견하는 일이다." 아리스토텔레스는 우리에게 익숙한 일반적 통념에서 추론하는 방법과 모순 없이 논의를 유지하는 방법의 두 가지 목표를 지향했다.

셋째, 검토적 논의는 답변자의 승인 하에 해당하는 주제, 즉 논제에 대한 지식을 가지고 있다고 내세우는 사람이라면 누구나 반드시 알아야만 하는 의견인 전제로부터 출발해서 추론하는 것이다. 이러한 논의는 여러 측면에서 보았을 때, 중세 대학에서 이루어진 디스퓨타티오(disputatio: 토론)를 연상시킨다. 앞에서 본 것처럼, 중세 대학에서는 렉티오-쿠아에스티오를 주요한 수업방식으로 활용했다. 토론은 학생들의 질문으로부터 출발하여, 교수와 학생 모두가 특정한 주제에 대한 다양한 논란을 검토하고 궁극적인 진리를 향해 나아간다는 점에서 여러모로 유사성을 가진다.

넷째, 쟁론적 논의는 통념인 것처럼 보이지만 실제로는 그렇지 않은 것, 이른바 전제에서 출발하거나, 혹은 추론하거나 추론하는 것처럼 보이게 하는 것이다. 이때 쟁론적 논의는 실제로 추론의 형태를 보인다. 하지만 변증술적 추론과는 차이가 있으며, 논의의 성격으로 보면 소피스트의 수사학과 유사하다.

지적 훈련과 검토를 위해 논의에 참여하는 사람들에게는 어떤 규칙도 규정되어 있지 않다. 때문에 가르치는 사람들, 배우는 사람들, 그리고 논의의 경쟁에 뛰어든 사람들의 목표는 제각기 다르다. 또한 경쟁에 뛰어든 사람들과 탐구하기 위해 서로 논의하는 사람들 사이에도 동일한 수준의 논의가 존재하지 않는다. 경쟁에 뛰어든 사람들과 탐구하기 위해 서로 논의하는 사람들에게도 같은 목표가 존재하지 않기 때문이다. 배우는 사람은 대체로 일반적으로 받아들여지는 견해들을 승인해야만 한다. 따라서 그 누구도 거짓을 가르치려고 시도하지 않는다.

반면 경쟁하는 사람들의 경우, 질문자는 어떻게든 상대방에게 무엇인가 작용을 미치는 듯이 보여야만 하고, 답변자는 어떤 작용도 받지 않는 듯이 보이도록 해야만 한다. 그러나 경쟁하기 위해서가 아니라 검토와 탐구를 위해 논의에 참여하는 사람들의 변증술적 논변을 위한 모임에서는 답변자가 무엇을 목표로 해야만 하는지, 그리고 자신의 입론을 잘 방어하거나 잘못 방어하는 데는 어떤 종류의 논의를 부여하고 또 어떤 종류의 논의를 부여해서는 안 되는지에 대한 규칙을 고려해야 한다. 이런 점에 대해 다른 사람들에 의해 우리에게 전해진 바가 전혀 없기 때문에 우리 자신이 이런 점에 관해 무엇인가 말할 수 있도록 노력해야 한다.

3. 대화를 위한 기반: 토대와 가설

사람들끼리 대화와 토론을 하기 위해서는 함께 이야기하고 공감할 수 있으며 의견을 제시할 수 있는 기반과 토대가 필요하다. 기반과 토대는 간단한 것에서부터 복잡한 것에 이르기까지 매우 다양하다. 예를 들어 한국인과 일본인이 토론을 하기 위해서는 통역이 필요하거나, 둘 중 한 사람이 상대방의 언어를 능숙하게 쓸 줄 알아야 한다. 즉 동일한 언어라는 기반이 있어야만 서로 토론을 주고받을 수 있다. 개별 언어가 지니고 있는 표현이나 뉘앙스의 차이가 실제 의사소통 과정에 영향을 끼치는 것을 감안하면, 한국인과 일본인 사이의 토론의 격차는 더욱 벌어질 수도 있다. 따라서 토론을 하기 위한 기본적인 전제조건은 서로 간에 원활한 의사소통이다.

그러나 원활한 의사소통만으로 문제가 해결되지는 않는다. 같은 언어를 쓰더라도 토론이 쉽게 이루어지는 경우는 예상보다 많지 않기 때문이다. 앞에서 다루었듯이, 토의와 논쟁, 특히 변증술은 플라톤, 아리스토텔레스에 따르면 공통의 목표를 달성하기 위한 일종의 탐구활동이다. 그리고 이를 위해서는 함께 논의할 수 있는 공동의 토대가 요구되는 것이다. 특정한 자연학적 · 형이상학적 진리 탐구 과정에서 누구나 인정하는 토대를 사용하지 않는다면 더 이상 토론은 이루어질 수 없다. 특정한 주제와 문제에 대해 논의하겠다고 하는 문제의식이 서로 동일해야만 기본적인 토의와 논쟁이 가능하다. 같은 한국어로 논변을 벌이더라도 서로 다른 주제와 관점을 가진다면 토의와 논쟁에서 문제해결은 이루어지기 어렵다. 그 진리 추구를 위한 공동 토대를 아리스토텔레스는 토포스(topos)로 부르는데, 오늘날 주제를 가리키는 영어단어 토픽(topic)이 여기에서 파생되었다.

토포스, 즉 논의 주제가 형성되면 그 주제에 대한 치열한 논의들이 이루어지고 그것을 검증하는 작업을 거치게 된다. 이렇게 말과 토의의 과정을 거쳐 하나의 단일한 주장이 만들어지고 그 주장을 검증하는 과정을 거쳐야만 논의가 종결된다. 논의를 통해 세워진 주장을 '테시스(thesis: 입론)'라 말하고, 그 입론을 바탕에 놓고 이루어지는 다양한 검토를 가리켜 '하이포테시스(hypothesis: 가설)'라 일컫는다. 오늘날 가설이라고 번역되는 하이포테시스는 원래 '주장'을 말하는데, 이는 '입론(thesis)을 아래에 둔다(hypo)'는 뜻이다. 공동의 기반(topos)을 두고 서로 토론 끝에 만들어낸 입론(thesis)을 검증하는 작업을 의미하는 것이 바로 가설(hypothesis) 검증이다.

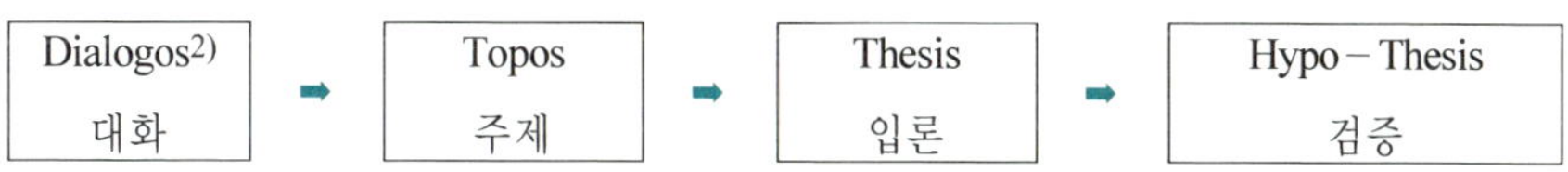

[그림 2 - 1] 변증술을 통한 진리 탐구의 과정

우리가 저지르게 되는 여러 오류와 문제들은 대체로 생각의 혼란과 여러 가지 의미들을 구별하지 못하면서 생겨나게 된다. 이러한 문제제기는 희랍의 소피스트뿐만 아니라 현대 분석철학자들까지 두루 고민했던 부분이기도 하다. 어떤 스포츠 경기든 승리를 위해서는 몇 가지 전제조건이 요구된다. 우선 서로가 같은 스포츠 종목을 선택해야 하고, 같은 종목에서도 하나의 단일한 규칙에 따라 경기가 이루어져야만 승부를 가릴 수 있다.

희랍인들의 사고도 마찬가지였다. 진리를 탐구하기 위해서는 먼저 공동의 토대에서 논의를 진행해야 한다. 그 다음에는 서로가 단일한 논의를 위해 하나의 가설을 세워야 한다. 그리고 그 가설을 검증하는 과정을 거쳐 진리를 구성해나가는 작업을 거쳐야 한다.

2) 대화(dialogue)라는 말의 어원이 되는 디아로고스(dialogos)는 '언어(logos)를 통해'(dia: through)라는 의미를 갖고 있다. 즉 대화는 언어와 이성을 통해 교류하는 인간의 모습을 보여준다는 의미로 해석된다.

4. 대화의 궁극적 의미

상대방의 주장을 논파하기 위해서는 다양한 활동과 기술이 요구된다. 소피스트들 역시 상대방의 주장을 논파함으로써 자신들의 주장을 드높이려던 인물이었다. 아리스토텔레스는 소피스트들이 사용했던 기술을 다음과 같이 요약하고 있다.

- 모호한 질문을 던진다.
- 여러 질문을 던진다.
- 쉽게 논박될 수 있는 주장을 하도록 유도한다.
- 상대방의 견해가 어느 입장에 속하는지 확인한다.
- 표출된 의견들과 숨겨진 의견을 대비시킨다.
- 답변자가 역설에 빠지도록 질문을 던진다.

사실 이러한 내용은 매우 정교한 기술이 필요하고 상대를 완전하게 제압하기 위한 치열한 노력과 준비가 뒤따르지 않으면 쉽게 달성하기 어려운 내용들이다.

상대방의 의견을 재정립하고, 그 견해가 잘 알려진 보편적인 사유방식에서 어느 입장에 속하는지 확인하는 과정도 중요하다. 보편적으로 잘 알려진 입장으로 구분하는 것은 그 대응방식을 정확하게 찾을 수 있다는 점에서 의미가 있기 때문이다. 동시에 표출된 의견과 숨겨진 의견을 대비시키는 활동도 중요하다. 논자가 실제로 주장하는 속내를 확인하고 이를 드러내는 노력을 통해 토론에서 승리할 수 있는 바탕을 만들 수 있기 때문이다. 결론적으로 답변자가 역설에 빠지도록 질문을 던짐으로써 상대방의 모순을 드러내고 그 과정을 통해서 토론에서 승패를 가릴 수 있게 된다.

위에서 다룬 사항들은 토론에서 이기기 위한 기술이 될 수도 있다. 승리를 위한 이러한 토론 기술은 자칫 잘못하면 극한적인 소모전으로 치달을 위험성을 안고 있기도 하다. 토의와 논쟁은 어디까지나 궁극적으로는 긍정적 목표를 향해 나아가는 것이다. 서로가 납득하고 동의할 수 있는 긍정적인 방향의 토론이 이루어질 때 진정한 진리에 다가설 수 있다. 다만 궤변을 늘어놓는 사람들의 주장에 대해서는 확실히 논파하여 그들의 무지를 자각하도록 하는 활동이 요구된다.

토론에서 논파당했다고 해서 부끄러워 할 일은 아니다. 더구나 그것이 사람의 무능함과 무력함을 상징하는 것은 더욱 아니다. 궁극적으로 토의와 논쟁은 현재보다 더 나은 발전적 방향으로 나아가기 위한 일련의 노력이다. 토론에서 승리했다고 하더라도 내 주장에는 얼마든지 허점이 있을 수 있다. 그것을 인정하고 상대가 지적한 문제들에 대해 더 깊이 고민하면서 발전 방향을 찾아내고 상대를 포용할 줄 알 때, 진정한 토론의 승리가 될 수 있다. 마찬가지로 패배했다는 사실을 인정하지 않고 계속 억지주장을 하며 시간이 지나가기만을 바라는 경우도 있는데, 이는 바람직한 토론의 자세라고 할 수 없다.

참고자료 4 토론의 본질

토론, '살림'의 오케스트라

속담에 이런 말이 있다. "말 한마디에 천 냥 빚을 갚는다." "오는 말이 고와야 가는 말이 곱다." 애기가 울음을 터트리며 탄생하듯이, 우리 삶은 말을 통해 변주(變奏)를 거듭한다. 재미있는 말, 논리적인 말, 허황된 말 등, 말의 연금술은 삶의 희노애락을 연출한다. 우리는 진정 일상에서 말을 잘하고 있을까? 대학생으로서 말의 오용(誤用)과 아집(我執), 편견(偏見)에 사로잡혀 있지는 않은가? 그리하여 세상을 제대로 보지 못하고. 시대정신을 놓치고 있는 건 아닌가!

『장자』「제물론」에 다음과 같은 이야기가 있다. "내가 당신과 논쟁을 했다고 하자. 당신이 나를 이기고 내가 당신에게 졌다. 그런 경우, 당신은 옳고 나는 틀렸는가? 반대로 내가 당신을 이기고 당신이 나에게 졌다. 그러면 내가 옳고 당신은 틀렸는가? 한쪽이 옳고 다른 쪽이 틀렸는가? 아니면 두 쪽 다 옳은가? 두 쪽 다 틀렸는가? …… 당신에게 동조하는 사람을 시켜 바로 잡으려고 한다면, 그는 이미 당신과 같은 의견을 지녔기에, 공정한 판단을 할 수 없으리라. 내게 동조하는 사람을 시켜 바로 잡게 하면, 그는 나와 같은 의견을 지녔기에, 이 또한 공정한 판단을 하기가 쉽지 않으리라. 나도 당신도, 그리고 제3자도 모두 판단할 수가 없다. 그런데 누구에게 기대한단 말인가!"

장자의 말은 '누구도 시비판단(是非判斷)을 내릴 수 없다'는 일종의 각성이요 경고다. 장자의 깊은 성찰에도 불구하고, 우리는 '토론(討論)'을 통해, 말잔치 가운데서도 건강한 결론을 도출하려고 희구한다. 왜냐하면 인간은 토론을 통해 상생(相生)을 꿈꾸기 때문이다.

문제는 현재의 말잔치이다. 우리 대학생들의 혼돈스런 토론 문화! 민주주의가 발달하면서 토론 문화는 다양한 꽃을 피어왔다. 친구 사이의 간단한 토론에서, 강의실, 동아리 모임, 협동학습, 인터넷 등 다양한 양식의 열띤 토론은 삶의 활력소가 될 수 있다.

문제는 다시, 현재 우리의 토론 수준이다. 토론은 논쟁과 다르다. 말싸움이 아니다. 이 시대에 횡행(橫行)하는 말잔치 가운데 의미 없는 논쟁이 꽤 있다. 개인적 주장 일변도의 폐쇄적 언행, 타자의 의견에 귀 기울이지 않는 닫힌 대화가 줄을 잇는다. 말은 많으나 쓸모가 없다. 게다가 경쟁이 시대의 화두가 되어서 그런지, 옳고 그름의 진부(眞否) 문제를 떠나, 무조건 이기고 보려는 엉터리 말잔치가 우리 몸에 배어 있다. 일상의 대화도, 세미나 장이나 방송의 토론에서도, 토론 아닌 토론이 불쑥불쑥 드러난다.

토론의 본질은 “어떤 문제나 서로 다른 의견을 내 놓고 여러 사람이 자기의 의견을 말하여 좋은 결론을 얻는 데 있다.” 좋은 결론! 그러기에 한쪽이 일방적으로 이기고 지는 말의 전투나 전쟁 행위가 아니다. 좋은 결론을 도출하려는 토론은 살림의 합창이요 오케스트라의 합주이다. 그러나 독선에 빠진 메아리 없는 토론은 죽임의 선야제이다. 타자를 배려하는 혈구(絜矩)의 정신으로 말잔치를 이어 나갈 때, 우리의 대학생활도 보다 활기차지 않을까!(신창호, 2011).

토의 및 논쟁

1. 희랍의 토론 문화와 한국의 전통적인 토론 문화(예: 퇴계와 고봉의 사단칠정논쟁)에 어떤 차이가 있는지 토의해 보자.

2. 대화의 과정에서 변증술과 수사학이 지향하는 목표에 차이가 있다. 그 차이점이 지니는 의의에 대해 토의해 보자.

3. 교사 또는 교육전문가로서 어떤 상황에서 설득과 논의가 요구되는가? 그 상황을 가정하고, 어떻게 하면 탄탄한 논리와 설득력으로 대화를 진행할 수 있는지 논쟁해 보자.

4. 대화의 궁극적 의미는 "현재보다 더 나은 발전적 방향으로 나아가기 위한 노력이다." 이러한 정의가 토의 과정에서 어느 정도 합당한지 논쟁해 보자.

논술탐구

논술을 하기 위해서는 '논리적 사고'와 '논리적 근거', '명확한 진술과 주장'이 필요하다. 〈토의와 논쟁〉에서 활동한 내용을 바탕으로, 하나의 주제를 선택하여 자율적으로 논술을 탐구해 보자.

제3장

변증술의 방법

- 아리스토텔레스의 경우 -

변증술은 아리스토텔레스에 이르러 획기적인 발전을 하게 되고 상당 부분 정제된 형태로 정립된다. 아리스토텔레스는 플라톤과 이소크라테스의 주장을 반박하고 자신의 변증술 이론을 확립하였나. 아리스토텔레스의 변증술은 대화를 위한 밑바탕을 만들기 위한 시도이다. 그의 변증술은 개인의 지적 훈련, 진리탐구와 성장, 철학적 사색의 정초가 된다는 점에서 인류 지성사에 큰 영향을 미쳤다.

1. 변증술의 의의

변증술은 일반적으로 받아들여진 일상적인 통념에서 만들어진 주장이 가진 모순을 도출해내는 과정을 의미한다(*Peri Ton Sophistikon Elenchon*, 165b3). 이 말은 '물음과 답변을 통해 토론한다'는 것을 의미하는 동사 디알레게스타이(dialegesthai)에서 유래했다. 때문에 플라톤의 대화편에도 자주 등장하는 이 개념은 변증술 대신 '문답법'으로 번역되곤 했다. 플라톤의 경우, "문답법을 통한 탐구 방법만이 가설들을 폐기하고 확실성을 확보하기 위한 원리 자체로 나아갈 수 있다"라고 지적할 뿐 변증술에 대한 명확한 정의를 내리지는 않는다(김재홍, 2008: 400).

그러나 아리스토텔레스는 변증술을 "자신이 학문을 연구하는 하나의 논변 방법"으로 규정한다. 즉 "공통된 원리로부터 어떤 개별 학문에도 포섭되지 않는 논의를 검토하는 것"으로 정리한 것이다. 자연현상과 형이상학에 대한 자신의 분석과 생각이 당시의 사상 속에 이미 내재화되어 있음을 정교화하는, 일종의 추론 방식을 변증술로 본 것이다.

아리스토텔레스는 연역(演繹)과 귀납(歸納)이라는 두 가지 추론 방식을 통해 자신의 학문적 논의를 분명히 하려고 했다. 이 추론 방식은 '법률, 자연학, 정치학' 등 다양한 주제들에 대한 문제에 공통적으로 적용되기도 했다.

[그림 3 - 1] 아리스토텔레스 흉상

참고자료 5 연역과 귀납

- 연역: 규정된 전제에서 결론이 필연적으로 따라 나오는 논의이다.
- 귀납: 개별적인 사실로부터 보편적인 진리로 이르게 되는 논의이다.

출처 아리스토텔레스, 『토피카』, 105a10-15.

아리스토텔레스가 『변증론』을 통해 시도하는 변증술은 한마디로 표현한다면 '이야기의 밑바탕(topos)'을 마련하기 위한 시도이자 그 탐구 방법의 모색이다. 우리가 어떤 주제를 놓고 대화를 나누든 학문적 토론을 전개하든 간에 그 대화의 장(場)이 있어야 한다. 즉 이야기를 할 수 있는 밑바탕과 논의하는 방법들이 마련되어야 한다. 그 방법이 바로 변증술이다(김재홍, 2008: 392). 이러한 논의는 그 성격은 다르지만, 앞에서 살펴본 유교의 교육과정에서 논(論)의 단계와 유사하다. 논(論)은 토(討)의 과정을 통해 얻은 제반 이론과 실천의 양식을 명석하게 시비를 가려 표현하는 논단의 자리이다(신창호, 2012c: 275). 논은 변증술에 비해 윤리적이고 규범적인 성격이 강하지만, 자신이 갖고 있는 교육적 성과를 모두 아우른다는 점에서 배움의 결정판에 해당한다.

그렇다면 이러한 변증술은 어떤 차원에서 오늘날 우리에게 유용한가? 아리스토텔레스는 크게 세 가지 차원에서 변증술의 유용함을 제시하고 있다. 그것은 오늘날에도 큰 영향을 미치고 있다. 아리스토텔레스가 밝히고 있는 변증술적 방법의 학적 유용성은, 첫째 지적 훈련에 대해서, 둘째 우연히 마주친 다른 사람과의 토론에서, 셋째 철학적 지식(학문)을 획득하는 데 유용하다(*Topika*, 101a25-30).

2. 변증술의 유용성 1: 개인의 지적 훈련

변증술이 가져다주는 대표적인 유용성은 강한 지적 훈련을 통한 교육적 효과이다. 아리스토텔레스에게 논리학은 학문의 도구이다. 뿐만 아니라 진리를 추구하기 위해 기초적으로 갖추어야 하는 지적 능력이다. 학문의 기초이자 바탕으로 진리를 추구하기 위한 예비적 장치이다.

당시 아테네의 자유 시민들은 비교적 넉넉한 여가를 누리고 있었다. 오늘날의 시민들과는 다른 차원에서, 검소한 생활을 하면서 경제생활에 하루 일과의 대부분을 소비하지 않았다. 때문에 여가를 잘 활용하는 차원에서 철학과 같은 다양한 지적 활동에 매진해왔다. 여가를 의미하는 스콜레(scholē)라는 단어가 이후에 학교를 가리키는 말로 변화되었던 것처럼, 지적 훈련은 파이데이아(paideia), 즉 교육받은, 교양 있는 사람이 되기 위한 핵심 요건이었다(김재홍, 2008: 448). 그러므로 변증술은 논리학의 활동 중 핵심적인 역할을 수행하게 된다. 특히, 철학의 정초가 되기 때문에 교양 있는 인간, 철학적 인간이 되기 위한 지적 훈련의 장이 된다.

변증술의 훈련은 주어진 주제에 대해 보다 잘 논의할 수 있도록 그 성숙도를 높이는 작업이다. 우리는 거듭된 훈련을 통해, 특정한 주제를 탐구하는 데 적합한 방법론을 배울 수 있다. 이때 언어를 사용하여 어떤 주제를 탐구하는 방법이 바로 변증술이다. 달리 말하면, 주어진 주제에 대해 서로 다른 입장들이 존재하고, 그 다른 입장들에 대해 어떻게 대처할 수 있을지를 보여주는 것이다. 그렇다고 변증술 자체가 진리를 찾아가는 활동은 아니다. 왜냐하면 변증술은 논의를 통해, 내가 만든 입론(thesis)에서 명제(These)를 만들고, 그 명제를 검증해가는 활동이기 때문이다. 변증술을 통해 우리는 한 논변에 내포된 문제들을 드러내고 그 문제를 해소할 수 있는 힘을 기르게 된다.

변증술의 절차를 지속적으로 수행함으로써 길러진 지적 훈련은, 지적 활동의 습관화, 이른바 에티스모스(ethismos)를 가능하게 한다. 지적 활동의 습관화는 일상생활에서 지속적으로 지적 훈련을 하는 교육받은 인간을 육성하고 그 성장을 가능하게 한다.

동시에 아리스토텔레스는 변증술을 통해 이루어지는 지적 훈련과 검증하는 훈련이 항상 참[진리]을 주도록 노력하는 교육과는 명확하게 구별된다고 지적한다. 앞에서도 간략하게 언급했지만, 지적 훈련과 검증을 위해 논의에 참여하는 사람들에게는 어떤 규칙도 규정되어 있지 않다. 왜냐하면 가르치는 사람들, 배우는 사람들, 그리고 논의의 경쟁에 뛰어든 사람들은 동일한 목표를 지니고 있지 않기 때문이다. 또한 경쟁에 뛰어든 사람들과 탐구하기 위해 서로 논의하는 사람들에게도 동일한 목표가 존재하지 않는다. 배우는 사람은 늘 일반적으로 받아들여지는 견해들을 승인해야 한다. 이런 관점에서 변증술은 항상 진리를 주기 위해 노력해야 하는 이론적 교육과는 명확하게 구별된다(김재홍, 2008: 449). 때문에 변증술은 전통적인 유교의 교육방법인 강(講)이나 대학에서 이루어지던 렉티오(lectio: 강독)와는 다른 교육의 방법이다.

희랍 사회에서 변증술은 시민들의 지적 수준을 높은 수준으로 끌어올리는 훈련이었다. 일상생활에서 갖게 되는 통념에서 출발하여, 삶에서 갖게 되는 다양한 의문들에 대해 서로 대화하면서 합리적인 문제해결의 정초를 찾아가던 작업이다. 그리고 이러한 활동을 지속적으로 습관화시킴으로써 자신의 지적 능력을 향상시키는 것이 변증술의 첫 번째 유용성이다.

3. 변증술의 유용성 2: 진리 탐구와 성장

변증술은 끝없는 질문과 답변으로 이루어지는 활동이다. 따라서 나에게 유용할 뿐만 아니라 나와 함께하는 대화상대자들에게도 유용하다. 변증술이 유용한 두 번째 이유는 인간의 성장(成長)과 관계된다. 우리가 다양한 의견을 늘어놓으면서 상대방과 대화를 하는 경우, 우리가 상대방의 잘못된 의견을 수정할 수 있다면, 우리는 상대방을 올바른 방향으로 이끌어줄 수 있다. 그런 차원에서 변증술은 나 자신뿐만 아니라 상대방을 교육시키는 활동이다. 이른바 자기교육과 타자교육을 동시에 달성할 수 있는 훌륭한 기제이다.

엄밀하게 말하면, 변증술은 질문과 답변으로 이루어지는 진리 추구의 방식이다. 앞에서 언급한 것처럼 변증술은 문답법이라는 형식으로 플라톤의 『국가』에서 분명하게 드러났나. 그러나 이러한 대화의 방식은 플라톤의 양식을 넘어, 아리스토텔레스에게서 변증술의 방법으로 정돈되었고, 끝없는 질문과 답변을 강조하고 있다.

아리스토텔레스 학파를 '소요학파(逍遙學派)'라고도 하는데 거기에는 정당한 이유가 있다. 소요학파라는 명칭 자체가 말 그대로 소요를 즐기는 배움의 무리들이다. 소요는 아리스토텔레스 자신이 교장으로 있던 학교 '뤼케이온'에서 이루어졌다. 아리스토텔레스는 당시 뤼케이온에 다니던 제자들과 학교 주변을 산책했다. 산책은 제자들과 대화하며 철학과 자연학에 대한 진리를 추구하는 것으로 가득 채워졌다. 그것이 소요학파라는 별칭을 갖게 한 원인이다. 이런 양식은 플라톤이 아카데메이아에서 실천했던 것과 유사하다. 아리스토텔레스는 플라톤의 제자답게, 플라톤이 지향했던 문답법에 대한 관심을 변증술로 성숙도를 더해 나갔다.

아리스토텔레스 당시 희랍의 아테네 사회는 특정 사람들만이 학문

활동에 참여한 것이 아니었다. 여러 계층의 사람들이 공동체를 이루어 생활하면서 다양한 학문적 관심을 표명했다. 때문에 공동체에서 삶과 진리의 추구는 명확하게 구분되지 않았다. 삶의 현장이 진리 추구의 현장이기도 했다. 따라서 진리에 대한 다양한 주장은 서로 상반되는 입장을 취할 수밖에 없었다(김재홍, 2008: 450－451). 이런 측면에서 상반되거나 상충하는 입장 정리를 위한 방법론의 터득은 공동체 상황에서 매우 중요한 요소로 대두했다. 그것은 다른 사람의 믿음이 아니라 자기 자신의 근거에 따르는, 아직 검증받지 못한 자신의 전제로부터 논변을 전개하는 사람들에게 변증술을 훈련하게 만드는 계기로 작용했다. 달리 말하면, 공동체의 많은 사람들에 의해 받아들여진 견해, 이른바 엔독사(endoxa: 통념)들을 검토하고 수정함으로써 올바른 방향으로 나아갈 수 있게 하는 능력을 갖추어야 했다. 그럼으로써 공동체가 나아갈, 혹은 인간의 삶에서 올바른 방향이 어떤 것인지를 보이고, 나아가 상대방에게 그것이 올바른 방향이라는 것을 어떻게 인식시킬 수 있는지를 알 수 있었다.

아리스토텔레스에 따르면, 인간은 누구나 앎을 추구하기 마련이다. 때문에 누구나 본성상 진리로 향하는 자연스런 성향을 소유하고 있다. 따라서 변증술에 참여하는 사람들은 모두 진리의 핵심을 향해 나아가는 경향을 보인다. 그런 면에서 대화를 통한 변증술은 진리를 찾아 나가는 장이자 최대한 많은 사람들끼리 논의를 통해 교차 검증하는 과정을 거친다는 점에서 일종의 집단지성의 모습을 보여준다.

4. 변증술의 유용성 3: 철학적 사색의 정초

변증술이 유용한 세 번째 이유는 철학적 사색의 정초가 되기 때문이다. 어떤 특정한 문제의 서로 다른 측면을 보고 난점을 제기할 수 있다면, 그 문제의 참과 거짓을 용이하게 식별해낼 수 있을 것이다.

변증술은 자명한 명제가 아닌 아포리아(aporia: 난관)가 있는 문제들, 즉 통념으로부터 출발한다. 그렇다고 해서 모든 명제들이 변증술의 논의 대상이 되는 것은 아니다. “모든 문제와 모든 입론이 검토되어야만 하는 것은 아니다. 예를 들어 희랍에서 왜 신을 공경해야 하는가라는 주제에 대해서는 변증술이 아닌 징벌이 뒤따를 것이다. 눈[雪]은 과연 ‘하얀가 하얗지 않은가’라는 주제라면, 토론 대신 문제제기한 사람의 감각기관을 의심할 것이다. 학술적 논증이라면 그 주제에 너무 가깝거나 먼 것은 다루지 않는 것이 좋다. 왜냐하면 그 주제에 너무 가까우면 특별한 난점이 없고, 너무 멀면 변증술 훈련을 위한 난점이 너무나 많기 때문이다.”(*Topika*, 105a4－10).

그러나 변증술은 철학과 학문에 유용한 보조물이 될 수 있다. 어떤 특정한 주제를 다룬다고 하자. 이때 그 주제를 바라보는 서로 다른 관점이 존재할 것이다. 무엇이, 왜 서로 다른가? 다른 관점의 차이는 무엇인가? 이런 난점들을 파악할 수 있다면, 보다 쉽게 거짓으로부터 참으로 이행할 수 있다. 그런 점에서 변증술은 특정한 주제에 대해 적절한 이해를 얻기 위한 예비 작업이다. 즉 우리가 탐구하려는 주제에 대해 간과할 수도 있는 중요한 사항을 발견하게 해주는 것이 바로 변증술이다. 본격적인 탐구에 앞서 난점들을 점검해보지 않은 사람들에게는 그 목표가 분명하게 드러나지 않는다. 하지만 이와 반대로 난점들을 샅샅이 훑어본 사람에게는 그 목표가 분명하다. 뿐만 아니라 대결을 빚는 모든 논의를 이미 알고 있는 사람은, 판단을 할 때 보다 유리한 입장에 처할 수 있다. 이런 관점에서 변증술은 본격적인 학문 탐구를 위한 기초이자 예비 작업에 해당한다.

참고자료 6 철학적 사색의 의의

행복이 탁월성에 따르는 활동이라면, 그것은 당연히 최고의 탁월성을 따라야 할 것이다. 그런데 이 최고의 탁월성은 최선의 것에 대한 탁월성이다. 이것이 지성(nous)이건 혹은 다른 어떤 것이건, 이것은 본성상 우리를 지배하고 이끌며, 고귀하고 신적인 것들에 대한 이해를 가지고 있는 것으로 보인다. 이것 자체가 신적인 것이든 아니면 우리 안에 있는 것들 가운데 가장 신적인 것이든, 자신의 고유한 탁월성에 따르는 이것의 활동이 완전한 행복일 것이다. 이 활동이 관조적인 것임은 이미 말한 바 있다. 이것은 이전에 논의했던 바에, 또 진리에 일치하는 것 같다. 이것이 최고의 활동이기 때문이다. 우리 안에 있는 것들 중 지성이 최고이며, 지성이 상대하는 대상 또한 앎의 대상들 중 최고이니까. 게다가 이 활동이 가장 연속적이다. 우리는 어떤 것을 행위하는 것보다 더 연속적으로 관조할 수 있기 때문이다. 그런데 탁월성에 따르는 활동들 중 지혜(sophia)에 따르는 활동이, 동의되는 것처럼 가장 즐거운 것이다. 여하튼 '지혜에 대한 사랑', 즉 철학(philosophia)은 그 순수성이나 견실성에서 놀랄 만한 즐거움을 가지고 있는 것 같다. 물론 앎을 가지고 있는 사람이 앎을 추구하는 사람보다 그러한 관조에서 더 즐겁게 삶을 영위할 것이라는 점은 당연하다. 더욱이 우리가 논의하는 자족도 다른 무엇보다 관조적 활동과 관련한다. 철학적 지혜를 가진 사람이나 정의로운 사람, 다른 탁월성을 가진 사람 모두 삶을 위해 필수적인 것들을 필요로 하지만, 이것들이 충분히 갖춰졌을 경우, 정의로운 사람은 그가 그 사람에 대해 정의로운 행동을 하게 될 상대방, 혹은 그들과 더불어 정의로운 행동을 하게 될 동반자를 필요로 하며, 절제 있는 사람이나 용감한 사람, 또 그 밖의 탁월한 사람들 각각도 역시 마찬가지이다. 하지만 [철학적] 지혜를 가진 사람은 혼자 있어도 관조할 수 있으며, 그가 지혜로우면 지혜로울수록 더욱 그러할 것이다. 그가 동반자를 가지면 아마 더 잘 관조할 수도 있겠지만, 그럼에도 그가 가장 자족적이다.

(중략) 만약 탁월성에 따른 행위들 중 정치적인 행위들과 선쟁과 관련한 행위들이 그 고귀함이나 위대함에 있어 뛰어나다고 할지라도, 이 행위들은 여가와 거리가 먼 것이며 어떤 목적을 지향하는 것이고 그 자체 때문에 선택될 만한 것이 아니라면, 반면에 지성의 활동은 관조적인 것으로서 그 진지함에 있어 특별한 것이며 활동 자체 이외에는 어떤 다른 목적도 추구하지 않고 자신의 고유한 즐거움을 (이 즐거움이 그 활동을 증진시킨다.) 가지는 것이라면, 또 (마지막으로) 만약 인간에게 가능한 한 자족성과 여가적인 성격, 싫증나지 않는 성질, 그리고 지극히 복된 사람에게 귀속하는 모든 성질들이 바로 이 활동에 따르는 것임이 분명하다면, 이 활동의 삶이 완전한 길이를 다 받아들이는 한, 이 활동이야말로 인간의 완전한 행복일 것이다. 행복에 속하는 것들 중 불완전한 것은 아무것도 없기 때문이다.

그러나 이러한 삶은 인간적 차원보다 높은 것이다. 왜냐하면 인간인 한 이렇게 살 수 있다기보다는 인간 안에 신적인 어떤 것이 존재하는 한 그렇게 살 수 있을 것이기 때문이다. 그런데 이 신적인 어떤 것이 복합적인 것에 대해 차이 나는 바로 그만큼 신적인 것의 활동 또한 다른 탁월성에 따른 활동에 대해 차이를 가진다. 그러므로 만약 지성이 인간에 비해 신적인 것이라면, 지성을 따르는 삶 또한 인간적인 삶에 비해 신적인 것이다. 그러나 '인간이니 인간적인 것을 생각하라', 혹은 '죽을 수밖에 없는 운명이니 죽을 수밖에 없는 것들을 생각하라'고 권고하는 사람들을 따르지 말고, 오히려 우리가 할 수 있는 데까지 우리들이 불사불멸의 존재가 되도록, 또 우리 안에 있는 것들 중 최고의 것에 따라 살도록 온갖 노력을 기울여야만 한다. 이 최고의 것이 크기에서는 작다 할지라도, 그 능력

> 과 영예에 있어서는 다른 모든 것을 훨씬 능가하기 때문이다. 그런데 각 개인은 바로 이 최고의 것이라고 할 수 있다 그것이 지배적이고 더 좋은 것인 한. 그렇기에 각 개인이 자신의 삶을 선택하는 것이 아니라 다른 어떤 것의 삶을 선택한다면, 사리에 맞지 않게 될 것이다. 또 앞에서 이야기했던 것이 지금 이야기와도 잘 연결될 것이다. 각각에게 고유한 것이 본성적으로 각각에게 가장 좋고 가장 즐거운 것이기 때문이다. 따라서 무엇보다도 지성이 '인간'인 한, 인간에게 있어서도 지성을 따르는 삶이 가장 좋고 가장 즐거운 것이다. 그러므로 이 삶이 가장 행복한 삶이기도 하다.
>
> 출처 아리스토텔레스, 『니코마코스 윤리학』, 1177a12－1178a8

5. 변증술의 속성과 방법

변증술은 대화를 기반으로 해서 성립하는 학문방법론이다. 때문에 타자와의 경쟁을 피할 수 없다(*Topika*, 155b27－28, 164b13－15). 그렇지만 모든 변증술이 경쟁적인 것은 아니다. 오히려 변증술은 비판적으로 검사하고, 증명하고, 검토하는 것을 목표로 한다. 이런 이유로 해서 모든 사람이, 심지어 비전문가조차도 어떤 방식으로든 변증술과 검토술(검토적 논의)을 사용한다. 왜냐하면 대부분의 사람들은 어느 정도까지 그 사항을 알고 있다고 말하는 사람들에 대해, 일단은 시험을 해보려고 시도하기 때문이다. 여기서 그들에게 소용이 되는 것은 ‘공통의 원리’이다. 그들이 말하는 것이 해당사항에서 아주 벗어난 것처럼 보일지라도, 그들 자신도 공통의 원리를 전문가 못지않게 알고 있다. 그런 차원에서 변증술은 교육받은 사람이라면 누구나 알아야 하는 기술이 되는 것이다.

변증술에는 얼마나 많은 종류가 있을까? 그 대강을 구별하는 것은 논리적 사고를 함양하는 과정에서 매우 중요하다. 앞에서도 언급했지만, 다시 강조하면 변증술은 크게 귀납과 연역 추론으로 분류할 수 있다. 귀납은 개별자들로부터 보편자에로 이르게 하는 통로이다. 예를 들면, 앎을 가지고 있는 조타수가 최고의 조타수라면 그리고 마차를 부리는 사람이 마찬가지로 그렇다면, 일반적으로 말해서 앎을 가지고 있는 사람이 개별적인 일에서 가장 뛰어난 사람이다.[3] 귀납은 연역추론보다도 더 설득적이고 명료하다. 왜냐하면 일반인들에게는 추상적인 연역추론의 방식보다 예시를 통한 귀납이 더욱 효과적이기 때문이다. 그리고 귀납은 감각에 의해 더 잘 알게 되고 많은 사람에게 파급력이 있다. 이에 반해 연역추론은 반대의 논의를 펼치는 사람에 대해 보다 강압적이고 효과적이다. 상대방의 주장을 곧바로 논파함으로써 상대의 주장을 무력화시키는 데 적절한 방법이다.

아리스토텔레스는 변증술 훈련을 하기 위해 구체적인 방법을 제시하였는데, 다음과 같다(*Topika*, 163a30–164b18).

첫째, 변증술적 논의에서의 '전환'은 유용하다. '전환'을 한다는 것은 남은 여러 질문들과 더불어 결론을 뒤엎고, 인정했던 여러 논점(전제)들 중 하나를 거부하는 것이다. 전환이 중요한 이유는 모든 내세워진 전제들이 주어졌다면 반드시 결론이 따라 나와야 하므로, 결론이 참이 아닌 경우에는 전제들 중 어떤 하나가 거부되었다는 것이 필연적이기 때문이다.

둘째, '찬성'이나 '반대'하는 논의를 꼼꼼하게 검토하라. 찬성과 반대 논의를 잘 검토하면 주장을 논박할 수 있다.

셋째, 흔히 대면하게 되는 여러 논의를 숙지하라. 일반적인 통념과

---

3) 이것은 플라톤의 『국가』 1권에 등장하는 내용으로 소크라테스가 폴레마르코스에게 펼친 논의이다.

정의를 충분히 알고 있어야 한다.

넷째, 상대방이 한 논의를 여럿으로 나누라. 하나의 주장을 여럿으로 나눌 수 있어야 하고 가능한 상대가 알지 못하도록 숨길 수 있어야 한다.

다섯째, 논의는 보편적 형식을 띠어야 한다.

여섯째, 귀납과 연역추론을 유용하게 활용하자. 귀납 훈련은 어떤한 주제에 대해 충분한 지식을 갖지 못한 사람들이 수행해야 하고, 연역 추론은 충분히 숙달된 사람들이 수행해야 하는 활동이다. 따라서 귀납과 연역추론을 지속적으로 수행해야만 한다.

일곱째, 상대방이 누구인지 모른 채 아무하고나 논의하지 마라. 우연히 마주친 사람과 토론한다면 수준 높은 토론으로 이어질 수 없다.

여덟째, 보편적인 것들을 다루는 데 필요한 부분적인 것들을 준비해두어야 한다. 논의를 다루는 데 필요한 준거 자료들을 충분히 준비해둬야 변증술을 쉽게 수행할 수 있다.

토의 및 논쟁

1. 자신이 좋아하고 관심 있는 취미에 대해 변증술(질문과 답변)을 동원해 보자. 얼마나 오랫동안 어느 정도 얘기를 주고받을 수 있는가?

2. 아리스토텔레스는 "인간은 누구나 앎을 추구하는 존재이다"라고 하였다. 변증술을 통해 이 주장을 검증해 보자.

3. 아리스토텔레스는 변증술의 유용성을 세 가지—개인의 지적 훈련, 진리탐구와 성장, 철학적 사색의 정초—로 정돈했다. 변증술에서 이 세 가지가 과연 유용한지 논쟁해 보자.

4. 아리스토텔레스가 제시하는 변증술의 방법에는 크게 '연역추론'과 '귀납'이 있다. 이 외에 다른 변증술의 방법은 없는지 논쟁해 보자.

논술탐구

논술을 하기 위해서는 '논리적 사고'와 '논리적 근거', '명확한 진술과 주장'이 필요하다. 〈토의와 논쟁〉에서 활동한 내용을 바탕으로, 하나의 주제를 선택하여 자율적으로 논술을 탐구해 보자.

제4장

수사학의 방법

- 키케로의 경우 -

인간의 언어는 다양한 수사를 통해 생명력을 얻는다. 수사학은 그만큼 언어를 정화하여 논리적 사고에 세련화를 가져올 수 있다. 그런 수사학은 웅변이나 연설의 형태로 키케로에 의해 정돈되었다. 키케로가 지향했던 수사학의 목표는 이상적 연설가를 만드는 것이었다. 이상적 연설가는 당대 로마의 지성들이 갖고 있던 충분한 철학적 지식, 로마의 시민이라면 누구나 갖고 있어야 하는 공직에 대한 강한 의무, 그리고 수사학자들이 갖고 있던 충분한 설득 기술이라는 3박자를 두루 갖추어야 했다. 연설가들에 의해 행해진 웅변 연설은 서론과 결론에서 감정을 자극하고 본론의 두 단계에서 사실 기술과 논증을 통해 시민들을 설득하는 데 주목했다.

1. 수사학의 목표: 이상적 연설가

앞장에서는 진리를 탐구하는 방법으로 변증술에 대한 논의를 다루었다. 변증술은 상대와 끊임없는 물음과 답변이라는 과정을 통해 특정한 문제에 대한 진리를 담구하는 노력을 의미한다. 그러나 수사학은 변증술과 달리 많은 사람들 앞에서 이루어지는 일종의 연설 형태이며, 그 연설을 통해 상대방에게 나의 주장을 알리고 설득하는 작업에 초점이 맞추어진다. 변증술이 철학적 차원에서 진리 탐구의 노력을 의미한다면, 수사학은 정치적 차원에서 상대방에 대한 동의를 구하는 데 필요한 기술을 가르치는 학문이다.

소피스트에서 플라톤, 이소크라테스, 아리스토텔레스에 이르기까지, 서구 고대의 논리 논술 전통은 모두 수사학으로 대표되는 설득술을 강조하고 있다. 그들이 수사학을 강조했던 이유는 희랍 사회의 성격과 연관된다. 아테네로 대표되는 희랍 사회는 민주정체를 지닌 폴리스였고, 민주정체는 다양한 정치적 입장이 민회에서 시민들에 의해 구현되었다. 이런 상황에서 정치가들은 시민들의 동의와 설득을 받기 위해 정련된 이론을 필요로 했고, 그것을 해결하기 위한 방법이 수사학의 구현이었다.

희랍의 수사학은 희랍 문명을 로마로 전파시킨 키케로에 의해 성숙되고, 로마에서 전성기를 맞게 된다. 로마 공화정 말기의 대표적인 인문학자이자 철학자이며 정치가였던 키케로는 철학적 사색에 몰두하면서도 정치를 담당했던 삶을 이어나갔다. 그런 삶의 경험은 철학자이자 정치가로서 다양한 수사 기술들을 정돈하는 데 일조했다. 자신의 아들에게 수사학 기술을 가르치는 형태로 서술된 키케로의 『수사학』은 연설의 기술과 방법에 대해 자세하게 다루고 있다.

키케로의 인생은 크게 ‘의무’와 ‘여가’라는 두 단어로 요약된다. 의

[그림 4 - 1] 키케로의 흉상

무는 정치가로서 로마의 정치에 참여하는 일이 지식인으로서 자신이 가져야 할 책무라는 의미이다. 여가는 자신이 저술과 철학적 사고를 전개할 수 있는 시기와 활동이 의미 있음을 가리킨다. 키케로는 인간을 개인 상호 간에, 그리고 공동체에 의무를 지닌 사회적 존재라고 생각했다. 이 사회적 책무를 다하기 위해 인간은 정치 활동에 적극적으로 참여해야 한다. 따라서 그의 수사학은 정치참여를 강조하면서 자연스럽게 발전한 산물이다(안재원, 2006: 24).

플라톤의 경우, 수사학에 대해 부정적 견해를 보였다. 왜냐하면 진정한 진리를 구하는 학문인 '문답법(변증술)'이 아니라, '쾌락에 봉사한다'고 보았기 때문이다. 반면 아리스토텔레스는 수사학이 일종의 능력이며, 설득의 매 순간 각각의 상황과 사건에서 설득의 매개와 근거를 발견하도록 하는 '발견술'임을 강조하며 수사학의 가치를 높게 평가했다. 그러나 수사학에 대해 가장 긍정적인 평가를 내린 인물은 이소크라테스이다.

이소크라테스는 인간이 갖고 있는 본질적 능력을 '로고스(logos)'로 보았다. 로고스는 인간만이 향유할 수 있는 문화를 창조했고 그것을 유지하게 한다. 그런 차원에서 인간은 본질적 속성인 로고스를 유지하고 계속 발현시키기 위한 활동을 필요로 한다. 그것이 다름 아닌 교육이며, 그 구체적 교육 방법이 이성과 언어를 세련되게 사용하는 활동인 수사학이다. 다시 말하면, 이성은 언어활동을 통해 발현된다. 그러므로 로고스는 이성인 동시에 언어를 상징한다.

교육은 로고스가 가지고 있는 양면적 속성, 즉 이성과 언어라는 두 가지 속성을 잘 통제하고 조절하는 데 매우 유용하다. 때문에 교육은 로고스를 장악함으로써 인간을 잘 다스리는 데 중요한 역할을 담당하게 된다. 인간이 갖고 있는 본질적이고 특이한 능력인 로고스를 얼마나 잘 다룰 수 있느냐가 바로 교육을 잘 받은 사람들이 가지는 파이데이아(paideia: 교양)의 지표이다. 이소크라테스는 보편교육을 통해 이러한 교양이 잘 달성될 수 있다고 신뢰했으며, 그 보편교육의 수단으로 수사학을 생각하였다.

키케로의 수사학 이론은 희랍시대의 수사학에 대한 견해, 즉 이소크라테스와 플라톤, 아리스토텔레스 등 세 인물의 주장을 나름대로 재해석한 산물이다. 그들의 수사학을 때로는 비판하고 때로는 보완하며 철학과 수사학의 통합을 시도한다. 이 통합의 시도는 수사학과 철학의 분리를 선언한 플라톤을 비판적으로 겨냥한 것이다. 동시에 아리스토텔레스에 대해서는 지나치게 기술적 측면을 강조하여 윤리 도덕적인 취약점을 갖고 있다고 비판하였다. 키케로가 판단하기에, 문제는 기술이 아니라 연설을 하는 사람이 중요했다. 수사학을 강조했던 이소크라테스에 대해서는 다시 플라톤과 아리스토텔레스의 정통 철학이 부족함을 지적한다. 그것은 키케로 수사학을 정돈하는 기초 작업이었다. 키케로는 플라톤, 아리스토텔레스, 이소크라테스 등의 정통 수사학 논리들을 비판적으로 수용하여 통합하면서, 당시 학교 수사학자들의 입장과 견해에 대해서도 비판적으로 접근하였다. 희랍으로부터 로마시대에 이르는 수사학의 전통을 검토하여 각각의 장단점을 정리한 후, 키케로는 자기 고유의 수사학을 세우려고 시도한다. 이 시도가 바로 이상적 연설가(orator perfectus)이다(안재원, 2006: 28－30).

2. 이상적 연설가의 자격

이상적 연설가는 후마니타스(humanitas: 교양)를 갖춘 사람으로, 인간으로서 갖고 있어야 하는 기능을 잘 발현한 사람이다. 키케로는 이상적 연설가가 되기 위해, 크게 세 가지 요건이 필요하다고 주장한다. 그것은 풍부한 지적 능력, 공동체에 대한 의무감, 효율적인 임기응변 능력이다(안재원, 2006: 30−31).

첫째, 이상적 연설가가 되기 위해서는 충분한 지적 능력을 갖추고 있어야 한다. 지적 능력은 시민들을 설득하기 위해 필수적이다. 여기서 말하는 지적 능력은 철학을 뜻한다. 아리스토텔레스 이후 당시의 철학은 논리학(logica), 자연학(physica), 윤리학(ethica), 형이상학(metaphysica) 등으로 구분할 수 있었다. 논리학은 시민들을 설득하기 위한 충분한 단련의 역할을 했고, 자연학은 자연현상 전반에 대한 풍부한 지식과 상식을 통해 연설가의 지적 능력을 과시하거나 자연현상에 대해 정확히 설명하는 데 필요한 학문이었다. 예를 들어 천둥, 번개, 일식, 월식 등에 대한 합리적인 해명은 시민들을 설득하는 과정에서 매우 중요한 수단이기도 하였다. 윤리학은 선악(善惡), 미추(美醜), 정사(正邪)로 대표되는 여러 가지 가치들에 대한 논의를 다루는 학문이다. 이러한 가치들은 시민들의 일상생활과 의사결정 과정에서 핵심 기준으로 작용했던 만큼 매우 중요한 내용이었다.

키케로가 활동하던 시기, 대부분의 수사학자들은 키케로의 주장과는 달리 단순히 법정이나 원로원과 같은 민회에서만 사용될 수 있는 잔기술을 가르치고 익히는 데 수사학의 초점을 맞추고 있었다. 그것은 키케로가 가장 경계하는 수사학을 대하는 태도이기도 했다. 훌륭한 연설을 위해서는 연설의 내용이 중요했다. 연설의 내용을 풍부하고 깊이 있게 만들기 위해서는 충분한 지적 능력이 필요했다.

둘째, 이상적 연설가가 되기 위해서는 공동체에 대한 의무감을 지니고 있어야 한다. 이는 연설을 하려고 하는 이상적 연설가에게 강력한 책임감과 의지를 불어넣는 활동이다. 연설을 하기 위해서는 강력한 동기가 필요하다. 아무리 내가 지적인 능력을 갖고 있더라도 강한 의지가 없으면 훌륭한 연설은 불가능하다. 또한 어느 정도의 의지와 욕구를 가지고 있더라도 공동체를 향한 의무감이 없다면 이상적 연설가로서의 자질은 부족하다. 궁극적으로 연설은 다른 사람들 앞에 나서서 해야 하는 활동이며, 이 활동은 공동체에 대한 강력한 의지와 의무감을 필요로 한다. 얼굴이 빨개지거나 하기 싫다고 하더라도 이것은 해야 하는 활동이다. 이는 플라톤의『국가』에 등장하는 철학자의 책무를 보여주는 것과 유사한 활동이다.

실제로 연설가는 당시 로마를 움직이는 정치가이기도 하다. 그렇다면 정치가답게 강력한 책무와 의지를 가지고 시민들을 설득할 수 있어야 한다. 이러한 것은 진정으로 공동체를 생각하는 사람들이라면 개인적인 공명심 차원이 아닌 강력한 책무성에 바탕을 둔 활동이어야 한다. 이러한 주장은 수사학을 멸시하고 무시했던 철학자들과 다른 한편으로는 공동체의 일에 정치적 참여를 꺼려하고 사회적 의무를 방기했던 당시 지식인들을 비판하기 위한 것이었다(안재원, 2006).

셋째, 이상적 연설가가 되기 위해서는 주어진 상황과 주제를 파악하고 이에 따라 연설을 효율적으로 조절할 수 있는 능력이 필요하다. 현대적 관점에서 보면, 상황에 따라 구가하는 일종의 임기응변 능력이 요구되는 것이다. 이상적 연설가는 각각의 연설 내용과 장소, 청중에 따라 그에 맞게 표현할 수 있는 능력을 가져야 한다. 청중들의 수준에 따라 연설의 내용과 방식을 조절할 줄도 알아야 하고, 주어진 시간에 따라 연설의 내용을 때로는 장황하게 때로는 간결하게 묘사할 수도 있어야 한다. 또한 연설은 기본적으로 다른 사람들을 설득하고

나의 주장에 공감하도록 하는 활동이다. 따라서 연설 과정에서 이성적인 공감뿐 아니라 정서적 교감도 이끌어낼 수 있도록 다양한 극적 장치를 적절히 활용할 줄 알아야 하는 것이다. 섬세한 주제는 정밀하게, 무거운 주제는 장중하고 숭고하게, 일상적 주제는 가볍고 부드럽게, 그때그때 상황에 따라 표현방식을 달리할 줄 알아야 진정한 의미의 대중연설가라 할 수 있다. 무미건조한 어투로 청중들에게 자신들의 주장을 일방적으로 전달하는 데만 초점을 맞추는 연설가는, 겉으로만 연설가일 뿐 실제로는 자신의 주장을 전혀 공감시키지 못할 수 있다.

위에서 언급한 세 가지 요건은 이상적 연설가가 갖추어야 할 기본 소양과 마음가짐이라 할 수 있다. 키케로는 당시 철학자들의 회의주의와 개인주의적 태도는 물론, 수사학자들이 가지고 있는 잔기술 중심의 수사학 교육을 비판했다. 수사학에서 중요한 것은 충분한 지식과 강한 정치참여의 의지, 그리고 설득을 위해 필요한 다양한 기술의 조화였다.

참고자료 7 키케로의 연설문

카틸리나, 얼마동안 우리의 인내를 오용할 작정이오? 언제까지 그대의 미친 짓은 우리를 조롱해야겠소? 그대의 방자한 불손행위는 얼마나 오산을 계속해야겠소? 팔라티움 언덕의 야간 근무태도, 도시의 경비대도, 국민의 두려움도, 훌륭한 사람들의 모임도, 원로원 회의가 열리고 있는 견고하게 방비되고 있는 이곳도, 참석자들의 표정과 시선도, 전혀 그대의 마음을 뒤흔들어 놓지 못하고 있단 말이오? 그대의 계획이 발각되었음을 느끼지 못하겠소? 이 자리에 있는 모든 사람들이 그대의 음모를 알아차리고선 꼭꼭 붙들어 매두었다는 걸 그대는 모르겠소? 그대가 어젯밤에 한 짓을, 그대가 그저께 밤에 한 짓을, 그대가 어디에 있었는지를, 그대가 누구를 불러들였는지를, 그대가 어떤 결심을 하였는지를, 대체 우리들 중 누가 모를 것이라고 생각하는 게요?(중략)

마르쿠스 툴리우스야. 뭘 하고 있는가? 이 사내가 도망치도록 놔둘 생각이냐? 너는 그가 국가의 적임을 확실히 들었을 것이다. 그가 앞장서서 전쟁을 일으키는 것도 보게 될 것이다. 적진에서는 그를 사령관으로 모시게 되길 고대하고 있다는 것도 느낄 것이다. 범죄의 원흉, 음모의 우두머리, 노예와 치유할 수 없는 불순분자의 선동자인 그를 말이다. 틀림없이 일반 사람들은 네가 그를 도시 밖으로 내보낸 것이 아니라, 도시에 대항하도록 떠나보낸 것이라고 믿을 것이다. 그를 감옥으로 보내라고, 죽도록 끌고 다니라고, 가장 지독한 형벌을 받도록 하라고 명령하지 않을 작정이냐. 도대체 무엇이 널 방해하느냐? 선조들의 관습이냐? 하지만 이 도시에서는 관직의 힘을 빌리지 않고도 파멸의 근원이 되는 시민들이 종종 처형되었다. 아니면 그것이 로마시민들에게 죽음의 형벌을 알린 법이냐? 그러나 이 도시에서는 법에 불충했던 사람들이 결코 시민의 특권을 누리지 못했다. 두려워하는 것이 후대의 적대감이냐. 스스로 명성을 얻은 너를 로마민족은 추천하는 계보 없이 그렇게 일찍 모든 관직의 단계를 거쳐 국가 최고의 권력에 이르게 하였다. 적대감 때문에 또는 위험이 두려워서 동료시민들의 안녕을 경시한다면, 참으로 로마민족에게 감사해야겠구나! 비열한 비난을 받을까봐 주저한다면, 무위와 태만에 대한 비난보다 엄격함과 대담함에 대한 비난을 더 두려워할 필요는 없다. 아니면 전쟁이 이탈리아를 황폐하게 하고, 도시들이 습격을 받고, 집들이 불탄 다음에야 비로소 증오의 불길이 너를 조금 그을리게 하지 않을 것이라고 생각하는 게냐?(중략)

유피테르 신이시여! 당신의 형상도 이 도시와 마찬가지로 로물루스의 감독 하에 만들어졌습니다. 우리는 당신을 도시와 부의 보호자로 부르고 있습니다. 당신께서 이 작자를 패거리와 함께, 당신의 신전은 물론 다른 신전들로부터, 도시의 지붕과 성벽으로부터, 모든 시민들의 생명과 재산으로부터 멀리 떨어지게 해야 할 것입니다. 당신께서는 훌륭한 사람들의 적대자들을, 조국의 적들을, 이탈리아의 약탈자들을, 범죄 집단과 결탁하거나 범죄협약을 맺은 사람들을, 살아 있을 때에는 물론 죽어있을 때에도 영원히 벌을 받게 해야 할 것입니다.

출처 키케로, '제1차 카틸리나 탄핵 연설'

3. 이상적 연설의 단계

그렇다면 이상적 연설가는 어떤 양식을 통해 구체적으로 연설을 해야 하는가? 키케로는 연설의 단계가 크게 네 부분으로 구성된다고 규정하였다. 키케로가 생각한 연설 방향의 조직화는 연설의 성패를 좌우할 수도 있다(*Partitiones Oratoriae*, 27). 네 부분으로 구성되는 연설 가운데, 두 부분은 사안을 드러내주고 증명하는 논리적인 측면이고, 다른 두 부분은 마음을 움직여 실제 청중들의 행동 변화를 만들어내는 감성적 차원이다.

연설의 시작과 끝은 청중들의 감정을 사로잡기 위한 부분으로 설정된다. 연설의 시작 부분에서 연설자는 청중들의 주의를 집중시켜야 한다. 청중들은 아직 연설을 들을 충분한 준비가 되지 않았기 때문에 이들을 위한 적극적인 유인책을 제시해야 한다. 마지막 부분에서는 자신의 주장을 청중 모두가 납득할 수 있도록 적극적인 메시지를 통해 설득해야 한다. 다시 말하면, 시작과 마지막 부분에서는 강조를 통해 청중들을 자극해야 한다. 강조는 감정이 실린 격렬한 논증으로 감동을 목적으로 삼는 자리이다

논리적인 측면에서 첫 번째 부분은 사실을 드러내고, 그 다음에는

자신의 주장을 논증하는 과정이다. 이를 통해 자신의 주장을 분명히 드러내고 청중을 논리적으로 설득해야 한다. 논리적인 측면은 청중들에게 연설에 대한 신뢰감을 더해준다.

다시, 연설가가 연설을 시작하는 단계부터 검토해 보자. 연설가가 연설을 수행하는 이유는 크게 세 가지로 볼 수 있다. 하나는 다른 사람들의 호감을 얻기 위해서이고, 다른 하나는 이해를 돕기 위해서이며, 마지막으로는 관심을 끌기 위해서이다(*Partitiones Oratoriae*, 28). 여기에서 호감이란 연설가에 대한 청중들의 긍정적 반응을 말한다.

키케로의 시대에 연설가는 대체로 정치가였다. 정치가는 자신을 모르는 사람들에 대해 호감을 갖도록 하고, 자신을 싫어하는 사람들의 비호감을 호감으로 바꾸어야만 했다. 그것은 연설가의 연설을 통해 가능해진다. 연설가는 동시에 자신의 주장을 청중들이 이해하고 납득하여 자신을 지지하도록 만들어야 하고, 청중들이 자신이 주장에 대해 관심을 갖도록 유도해야 한다. 정치가들에게 대중의 관심은 그 무엇보다도 중요하기 때문이다. 키케로는 이러한 세 가지 이유를 근거로 연설가가 연설을 수행해야 한다고 주장하였다.

연설가는 연설의 시작 단계에서부터 다양한 사항을 고려해야 한다. 연설의 첫머리는 청중들의 주의를 환기시키는 역할 이외에도, 청중들이 연설의 다른 부분에 대해 인식하고 그것에 대해 요약하는 역할을 담당하기도 한다(*Partitiones Oratoriae*, 30). 따라서 연설의 첫머리에서 청중들이 연설가가 논의하려는 사안을 꿰뚫어보고, 무엇이 논의의 핵심인지 파악하도록 만들 수 있다면, 청중들은 연설에 대해 보다 집중하고 몰입할 수 있으며, 궁극적으로는 연설가의 주장에 공감하게 될 것이다. 이러한 입장은 연설 과정에서 시작 단계가 어떤 역할을 해야 하는지 잘 보여준다.

청중들의 감성을 자극하는 연설의 첫 부분이 마무리되면, 그 다음

부분은 사실 기술에 대한 주장이다. 사실 기술은 논증을 위한 준비 작업의 단계이다. 사실은 명확하고 납득이 가도록 정확하게 기술되어야 한다. 동시에 그 사실에 대해서는 적절한 장식, 즉 사실을 해치지 않는 차원에서 적절한 묘사와 흥밋거리가 들어가야 한다(*Partitiones Oratoriae*, 31).

연설의 세 번째 단계는 논증이다. 논증은 이제 본격적으로 자신의 주장을 펴는 연설의 하이라이트라고 할 수 있다. 논증은 크게 입증과 반박의 두 가지로 구분된다. 입증이란 자신의 주장을 관철하려는 활동이고, 반박은 자신의 주장과 반대되는 상대방의 주장을 무력화하기 위해 연설가가 수행하는 활동이다. 반박은 상대방이 논증을 통해 주장하는 것 전체가 부인되어야 한다. 그것은 아직 확정되지도 않은 전제를 명백한 사실로 인정하고, 심지어 그 같은 주장은 명백한 오류라는 전제에서 출발한다. 따라서 상대방이 제시한 전제로부터 자신의 주장이 전혀 도출되지 않는다고 다른 사람의 주장을 반박해야 한다. 반면 개별 논거들의 경우, 개별적으로 무너뜨려야 하며 그렇게 해야만 전체도 무너뜨릴 수 있다(*Partitiones Oratoriae*, 31, 44).

마지막 단계인 연설의 마무리는 비교적 간명하게 처리해야 한다. 마무리 방식에는 크게 두 가지가 있다. 하나는 강조이고 다른 하나는 요약이다(*Partitiones Oratoriae*, 52). 강조는 원래 청중들에게 확실한 각인을 시키기 위한 활동이기 때문에 마무리 단계에서 하는 것이 적절하다. 하지만 어떤 사안이 입증되거나 반박되거나 했을 때는 곧바로 강조하는 경우도 있다. 강조를 위해서는 언어나 비유를 사용하거나, 동어반복 또는 클라이맥스(climax: 점증법)와 같이 다양한 방법을 사용할 수 있다. 또는 사안에 대한 강조를 통해 동일한 효과를 노릴 수도 있다. 요약의 경우, 자주 쓰이지는 않지만 두 가지 차원에서 필요하다. 하나는 연설이 지나치게 길어지거나 청중이 잘 기억하지 못할 가능성이 있는 경우다. 지나치게 세세하고 사소한 내용까지 요약하면, 오히려 효과가 떨어진다. 키케로는 사소한 것까지 모든 것을 반복하지 말고 각각의 사안을 간략하게 다루면서 그 핵심을 요약해야 한다고 강조한다(Partitiones Oratoriae, 56, 60).

다시 강조하면, 키케로는 '청중의 주의 집중－기존 사실의 제시－자신의 주장 논증－청중의 동의 호소'라는 연설의 네 단계를 주장했다. 이는 청중의 주의 환기, 사실의 기술, 논증, 강조 및 요약으로 이해할 수 있다. 이런 방식으로 키케로는 서구 로마시대의 말하기와 글쓰기 방법을 완성했다. 키케로의 연설 단계는 〈표 4－1〉과 같이 정리할 수 있다.

〈표4 - 1〉 키케로의 연설 4단계

1단계	청중의 주의 집중	감성적 자극
2단계	기존 사실의 제시	논리적 자극
3단계	자신의 주장 논증	
4단계	청중의 동의 호소	감성적 자극

키케로가 제시하고 완성한 수사학은 법정과 원로원 같은 공간에서 활용되었을 뿐만 아니라 교육받은 인간이라면 누구나 갖고 있어야 하는 필수적인 기술과 덕목이 되었다. 교육받은 교양을 갖추고 있는 인간을 뜻하는 후마니스무스(humanismus)는, 수사학에서 강조하는 조리 있게 자신의 주장을 잘 말할 수 있는 인간을 의미한다. 즉 전통적인 철학과 수사학에 익숙하면서 동시에 공무를 적극적으로 수행할 수 있는 인간을 가리키는 말이었다. 키케로가 제시한 이러한 교육받은 인간형의 개념과 교육 방법은 로마시대를 거쳐 중세와 20세기 초반까지 서양 교육계 전반에 큰 영향을 미쳤다.

[그림 4 - 2] 로마 원로원에서의 연설 장면

토의 및 논쟁

1. 교육활동의 주체 중에서 수사학을 가장 필요로 하는 주체는 누구인지 토의해 보자.

2. 자신의 연설 경험을 성찰하고, 키케로의 수사학 혹은 웅변술을 활용하여 자신만의 연설 전략을 짜보자.

3. 고대 로마 사회에서는 연설을 잘 하는 사람이 교양을 갖춘 교육받은 사람으로 간주되었다. 이러한 사고가 현대 한국사회에서도 통용 가능한지 논쟁해 보자.

4. 키케로의 연설 4단계는 '주의 집중－사실 제시－논증 －동의 호소'로 이루어진다. 이런 연설의 단계가 현대사회에서도 설득력이 있는지 논쟁해 보자.

논술탐구

논술을 하기 위해서는 '논리적 사고'와 '논리적 근거', '명확한 진술과 주장'이 필요하다. 〈토의와 논쟁〉에서 활동한 내용을 바탕으로, 하나의 주제를 선택하여 자율적으로 논술을 탐구해 보자.

제5장

토론의 기술

- 쇼펜하우어의 경우 -

희랍에서 로마에 이르기까지 이어진 논리학과 수사학은 서구 근대사회에 들어서면서 새로운 국면을 맞이한다. 쇼펜하우어의 경우, 희랍의 변증술과 수사학의 전통을 이어받으면서도, 이를 비판적으로 적용한 흥미로운 저작을 남기며 토론의 새로운 장을 열었다. 예를 들어, 토론에서 승리할 수 없다고 판단되면 인신공격을 하라는 말을 남기기도 했다. 쇼펜하우어의 논증술은 상대의 주장을 공박하고 자신의 주장을 관철시키는 데 초점이 맞추어져 있다.

1. 쇼펜하우어의 토론술 제안

독일의 철학자 아르투르 쇼펜하우어(A. Schopenhauer, 1788-1860)는 자신의 유고작에서 '논리학(Logik)'과 '토론술(Dialektik)'의 구별을 시도하였다. 논리학은 이성에 바탕을 둔 것으로서 진리의 추구를 궁극적인 목표로 삼는다. 하지만 토론술은 의지와 감정의 문제로 개인이 자신의 견해가 보편적으로 타당한지 여부와는 상관없이 논쟁에서 승리하는 것을 목표로 한다고 주장했다(김재혁, 1997: 7-9). 디알렉틱(Dialektik: 토론술)은 희랍어 디알렉티케(dialektikē)에서 파생된 단어로 논증술이나 변증법, 또는 변증론으로 번역된다.

그러나 쇼펜하우어가 말하는 토론술은 플라톤과 아리스토텔레스가 말하는 문답법이나 변증술과는 다르다. 토론에서 이기기 위한 전문적 기술을 가리키는 것으로 볼 때, 오히려 수사학과 비슷하다고 보아야 한다. 쇼펜하우어는 인간이 본질적으로 갖는 속성인 '말을 통해 상대방을 제압하는 기술'이라는 의미로 디알렉티케를 사용한다. 따라서 그가 말하는 '토론술'은 논쟁에서 사용할 수 있는 사고와 언어의 민첩함, 전문성을 뜻하는 토론의 기술적 측면을 반영한다.

[그림 5-1] 아르투르 쇼펜하우어

쇼펜하우어가 토론의 기술을 제시하는 데는 충분한 이유가 있다. 하나는 상대방을 속여서 논쟁에서 승리하기 위한 것이고, 다른 하나는 우리가 순수한 뜻을 가지고 논쟁의 진위를 판단하려고 할 때 상대방이 사용할 수 있는 술책에 대해 미리 대비함으로써 자신의 주장을 올바르게 펼칠 수 있는 장치를 마련하는 데 있다. 진리가 분명히 자기 쪽에 있는데 상대방이 술책을 써서 자신을 꺾으려 할 때 이를 미연에 방지하려는 것이다. 쇼펜하우어에 의하면, 학문적 토론술은 논쟁에서 부정직한 요령들을 설정하여 그것들을 분석하는 것을 주된 과제로 삼는다. 그렇게 함으로써 실제의 논쟁에서 그러한 부정직한 요령들을 금방 알아채고 그것들을 물리칠 수 있다. 이런 차원에서 쇼펜하우어의 토론술은 진리의 추구와는 별 관련이 없다. 진리의 추구는 논리학의 영역이며, 토론술은 어디까지나 논쟁에서 자신의 주장을 끝까지 밀어붙이는 법을 탐구함으로써 논쟁에서 상대방의 주장을 논파하거나 자신의 주장을 관철시키는 것을 최종 목적으로 삼고 있다(김재혁, 1997: 11).

다시 강조하지만, 쇼펜하우어가 말하는 논리학은 플라톤의 문답법이나 아리스토텔레스의 논증술과 유사하고, 토론술은 아리스토텔레스와 키케로가 주장하는 수사학에 가깝다. 그가 토론술을 제안하는 목적은 분명하다. 우리가 토론을 하는 것은 한편으로는 상대방의 편견이나 거짓주장에 대해서 논파하는 과정을 거치고 다른 한편으로는 상대방과 진정한 진리와 올바른 방향을 향해 나아가자는 시도이다. 이런 점에서 쇼펜하우어의 지적은 언어에 대한 희랍의 전통을 이어받으면서도 이를 비판적으로 적용하고 있는 흥미로운 시도이다.

2. 논제 반박의 기술

상대방이 특정한 주장을 하거나 논제를 펼 때, 우리는 적절한 방법과 전략을 가지고 그 논제를 반박해야 한다. 논제를 반박하기 위해서는 크게 논쟁의 화법에 주목하는 방식과 논쟁의 방법에 주목하는 두 가지 형태가 있다. 쇼펜하우어는 모든 논쟁을 확인해보면 논쟁의 기본 골격은 크게 두 가지 화법과 두 가지 방법으로 이루어지는 만큼이 각각의 방식들에 대해 적절하게 대처할 수 있어야 한다고 주장한다.

그러나 이러한 과정에서 토론이 불가능한 경우가 있다.

첫째, 사실의 진위 여부에 대해서는 논쟁사들끼리 즉각적으로 파악되지 않으며 사실은 결국 사실 정보를 통해서만 확인할 수밖에 없는 상황이다. 특정한 통계수치에 대한 사실 관계, 혹은 언론 보도, 특정한 수치에 대한 주장 등은 토론으로 확인할 수 있는 영역이 아니라 주어진 자료를 확인하는 것으로 가능하다. 건전한 토론이 이루어지기 위해서는 주어진 사실 관계에 대해 서로 다른 의견이 도출되어서는 안 된다. 이런 경우, 두 사람 중 적어도 한 사람은 거짓말을 하고 있다.

둘째, 논쟁이 성립하기 위해서는 서로 간에 접점이 있어야 한다. 어떠한 경우에도 논자가 제시하는 첫 번째 명제나 첫 번째 주장을 부정하는 경우에는 논쟁이 불가능하다. 그런 면에서 볼 때, 방송에서 이루어지는 다양한 토론들은 실제로는 제대로 된 토론이라 보기에 무리가 있다. 가장 기본적인 사실 관계를 놓고 상대방에게 비방을 가한다거나, 아니면 상호 간에 공동의 토론 기반이라고 할 만한 것이 없어, 서로 자신들의 주장만을 늘어놓다가 논의를 끝내는 경우가 허다하기 때문이다.

3. 논쟁의 화법과 방법

토론에서 논쟁을 전개하기 위해서는 나름대로 말하는 방법이 요구된다. 예컨대, 상대방이 내세우는 주장이 이치에 맞지 않는다는 점을 보여주거나, 그의 주장이 절대적 · 객관적 진리와 부합하지 않는다는 점을 보여줄 필요가 있다. 또는 상대방이 내세우는 주장이 이미 앞에서 그 자신이 제시했던 다른 주장이나 시인했던 사실과 같아, 상대적 · 주관적인 진리와 부합하지 않는다는 점을 드러내어 상대방의 주장이 모순에 빠져 있음을 보여줄 필요도 있다. 후자의 경우는 어디까지나 논리학적인 분석이자 상대적인 입증이기 때문에, 객관적 진리와 부합하느냐 여부를 따질 필요는 없다. 상대방의 주장이 모순인 것을 밝혀내면, 그 자체로 그 주장은 설득력을 잃는다.

〈비판〉의 방법

* 논쟁의 주제에 초점을 맞추어 비판: 절대적 객관적 진리와 부합하지 않는다.
* 논쟁 상대방에 초점을 맞추어 비판: 상대방이 모순을 저지르고 있다.

상대방의 논제를 반박하는 방법에는 크게 두 가지가 있다. 하나는 '직접적 방법'이고 다른 하나는 '간접적 방법'이다. 직접적 방법은 상대방이 내세우는 주장의 근거를 직접 겨냥하는 것이고, 간접적 방법은 상대의 주장이 가져올 수 있는 결과를 공격함으로써 상대의 주장이 참이 아닐 수 있음을 보여주는 것이다. 상대방이 내세우는 대전제를 문제 삼거나 소전제를 반박하는 것도 한 가지 방법이다. 또는 상대가 내세우는 주장의 근거들에 대해 일단 인정을 하고 나서, 상대가 내세우는 근거들을 가지고 그의 주장이 결과로서 도출될 수 없음을 보여줄 수도 있다. 이는 상대방의 논리적 추론 과정을 반박하는 것이다. 즉 논리적인 귀결, 상대방이 결론을 이끌어내는 방식에 대한 반박을 통해 상대의 주장을 무력화하는 방식이다.

상대방의 논쟁을 반박하는 간접적 방법은 크게 '간접 논증'과 '단순 반증'의 두 가지로 구분할 수 있다. 간접 논증의 과정은 상대방의 주장을 우선 인정한 후, 상대방의 주장을 토대로 도출한 결론이 잘못된 의견임을 보여준다. 단순 반증은 상대방이 말한 진술의 범주에 들어가는 개별적 경우들을 직접적으로 입증해 보임으로써 상대방이 내세운 보편적 명제를 반박한다. 간단하게 말하면, 단순 반증은 상대방의 주장을 뒤집는 사례들을 제시하는 일이다.

* 직접적 방법: 상대방의 전제와 근거를 반박한다.
* 간접적 방법: 상대방의 주장이 잘못되었음을 증명하고 다른 사례를 제시한다.

4. 토론 승리를 위한 요령

쇼펜하우어는 토론에서 승리하기 위한 구체적 요령을 38가지 조목으로 자세하게 제시하였다. 그것은 다음과 같다.

1) 확대해석하라.
2) 동형동음이의어를 사용하라.
3) 상대방의 구체적인 주장을 절대화/보편화하라.
4) 당신의 결론을 상대방이 미리 예측 못하게 하라.
5) 거짓된 전제들을 쓰라.
6) 은폐된 순환논증을 하라.
7) 질문 공세를 통해 상대방의 항복을 얻어내라.
8) 상대방을 화나게 만들어라.
9) 상대에게 중구난방식의 질문을 던져라.
10) 역발상으로 상대방의 의표를 찔러라.
11) 낱낱의 사실들에 대한 상대방의 시인을 보편적 진리에 대한 시인으로 간주하라.
12) 자신의 주장을 펴는 데 유리한 비유를 선택하라.
13) 상반되는 두 가지 명제를 동시에 제시하여 상대를 궁지로 몰아라.
14) 뻔뻔스런 태도를 취하라.
15) 안개작전을 사용하라.
16) 상대의 견해를 역이용하라.
17) 미묘한 차이를 이용하여 방어하라.
18) 논쟁의 진행을 방해하고 다른 방향으로 돌려라.
19) 논쟁의 사안을 일반화하여 그 부분을 공격하라.
20) 서둘러 결론을 이끌어내라.

21) 상대방의 궤변에는 궤변으로 맞서라.
22) 상대가 억지를 쓴다고 큰소리로 외쳐라.
23) 말싸움을 걸어 상대가 무리한 말을 하게 하라.
24) 거짓 추론 왜곡을 통해 억지 결론을 끌어내라.
25) 반증사례를 찾아서 단칼에 끝내라.
26) 상대방의 논거를 뒤집어라.
27) 상대가 화를 내면 바로 거기에 약점이 있다.
28) 상대방이 아니라 청중을 설득한다.
29) 질 것 같으면 화제를 다른 곳으로 돌려라.
30) 이성이 아닌 권위에 호소하라.
31) 당신의 말은 형편없는 내 이해력을 넘어서는군요.
32) 상대방의 주장을 증오의 범주 속에 넣어라.
33) 그것은 이론상으로는 옳지만 실제로는 거짓이다.
34) 한번 걸려들면 빠져나가지 못하게 하라.
35) 동기를 통해 상대방의 의지에 호소하라.
36) 의미 없는 말들을 폭포수처럼 쏟아내라.
37) 상대가 스스로 불리한 증거를 대면 그쪽을 공격하라.
38) 상대가 너무나 우월하면 인신공격을 감행하라.

5. 인신공격에 대하여

토의나 논쟁의 과정에서 개인적 문제를 거론하는 것은 언뜻 보면 예의에 어긋나는 부적절한 방식으로 보인다. 그런데 쇼펜하우어는 과감하게 '인신공격을 하라!'고 주문한다. 이런 주장은 쇼펜하우어가 무명이었던 시절, 당시 최고의 명성을 날리던 철학자 헤겔(G. W. F. Hegel, 1770-1831)과 같은 시간에 강의를 개설했다가 폐강당하기도 했던 것처럼, 기행을 일삼았던 쇼펜하우어다운 터무니없는 발언처럼 보인다. 그러나 인신공격은 실제로 상대방을 공격하기 위한 장치가 아니다. 상대방의 주장을 공격하여 그 주장을 깎아내리고 자신의 주장을 더 치켜세우기 위한 방법이다. 오늘날도 널리 쓰이는 이 방법은 매우 효과적이고 때로는 가장 파괴적인 기술이기도 하다. 아래 예를 확인해보자.

1) A교수는 모 방송국 예능프로그램과 자신의 자서전에서 주가조작 등의 비리를 저지른 경제사범에 대해 엄격한 처벌이 이루어져야 한다고 주장했다.

2) 이에 대해 모 인터넷 신문은 A교수가 지난 2003년 분식회계 혐의로 구속된 모그룹 B회장을 위한 구명 탄원서에 서명했음을 보도했다.

3) 이에 대해 A교수는 자신의 과거 행동에 대한 유감의 뜻을 밝혔다.

정치권에서 흔히 찾아볼 수 있는 이러한 사례는 인신공격의 좋은 예가 된다. A교수의 주장을 비판하는 사람은 그 주장에 대해 문제제기를 하는 것이 아니라, 그 주장을 제시한 A교수가 실제로는 주장과는 상반된 행동을 하고 있음을 과거 행적을 통해서 밝혀낸다. 이를 통해 A교수의 주장을 듣는 대중들은 자연스럽게 A교수의 주장에 동의하건 동의하지 않건 A교수에 대해 더 이상 전적인 신뢰를 주지 않으며, 그 신뢰를 어느 정도 유보하는 경향을 보인다.

이러한 차원에서 보면 인신공격은 단순히 특정 인물을 협박하거나 모욕하는 행위와는 거리가 멀다. 오히려 그 사람이 갖고 있는 모순된 측면을 공격함으로써 실제로 공격자가 의도하는 것은 상대가 앞으로 하려는 주장의 설득력을 떨어뜨리고, 청중들이 상대방을 불신하도록 만드는 것이다. 실제로는 그 사람이 아닌 그 사람의 주장을 공격한다는 점에서 인신공격은 상대방과 논쟁을 할 때 사용하는 화법을 주 공격대상으로 삼고 있다. 즉 상대방의 주장과 행적이 상호모순을 이루고 있음을 공격하는 방식에 가까움을 알 수 있다.

특히 토론의 과정에 청중들이 참관하거나 참여하고, 청중들이 토론의 승패를 결정하는 토론의 장에서 인신공격은 매우 효과적이다. 희랍의 아테네와 같은 폴리스에서는 정치인들이 민회에서 특정 정책에 대한 찬반을 주장하며 직접 의견을 시민들에게 제시하고, 시민들은 그 의견에 대한 투표를 통해 정책을 결정해왔다. 이 과정에서 당연히 청중들의 동의를 이끌어내는 기술이 요구되었고 이 상황에서 인신공격은 매우 효과적인 기술이었다. 오늘날에도 다양한 매체에서 주관하는 토론 베틀의 경우, 토론에 참여하는 청중들을 쉽게 볼 수 있다. 청중들은 패널들에게 질문을 던지거나 패널들의 의견에 대한 자신의 의견을 개진하고 때로는 토론의 승패를 결정하는 역할을 담당하기도 한다. 인신공격은 이러한 공개된 토론에서 전문가집단보다는 다수의 의결을 통해 토론의 성패가 결정되는 장에서 훨씬 효과적이다.

토의 및 논쟁

1. 쇼펜하우어는 이전의 변증술과는 다른 양식의 토론술을 제안하였다. 현대사회에서 토론은 웹(web-site)으로까지 확장되었는데, 이런 시대 추세를 반영하여 새로운 양식의 토론술을 제안해 보자.

2. 상대방이 정확한 사실관계, 통계 등에 대해 부정확한 정보를 흘리며 논쟁에 임할 경우, 필요한 대처 방법에 대해 토의해 보자.

3. 논쟁 중에 상대가 의미 없는 말을 폭포수처럼 쏟아낼 경우, 어떻게 대응할 수 있는지 쇼펜하우어의 토론술을 응용하여 토의해 보자.

4. 쇼펜하우어는 토론에서 상대가 지나치게 우월하여 상대의 주장을 반박할 수 없다고 판단되는 경우 '인신공격'을 사용하라고 제안하였다. 이때 인신공격의 의미와 실제 목적이 무엇인지 토의해 보자.

논술탐구

논술을 하기 위해서는 '논리적 사고'와 '논리적 근거', '명확한 진술과 주장'이 필요하다. 〈토의와 논쟁〉에서 활동한 내용을 바탕으로, 하나의 주제를 선택하여 자율적으로 논술을 탐구해 보자.

제6장

근대 논리학의 기초

- 논증과 비논증 -

근대 논리학에서는 논증을 매우 중시한다. 논증은 논리적 특성을 지니는 동시에 체계적인 구성 방식에 의해 진행된다. 논증은 설명과도 다르고, 논증이 아닌 경우에는 다양한 오류 추론이 발생한다. 우리는 논증의 과정을 통해 자신의 주장을 조리 있게 표현하는 단계를 사용할 줄 알게 되고, 일상적으로 사용하는 여러 가지 오류 추론을 파악하여 상대방의 허점을 공략하고 내 주장을 강화할 수 있다.

1. 논증의 구성

논증(argument)은 논자 자신의 주장이 참이라는 사실을 논리적 근거를 제시하면서 증명하는 절차이다. 그러므로 논증의 기본 단위는 논자의 주장을 담고 있는 문장들이어야 한다. 따라서 내가 어떤 교육과 관련된 다양한 주장을 펴고자 할 때, 나는 이미 논증의 과정에 진입한 셈이다.

논증은 항상 언어, 즉 명제의 형태로 이루어져 있다. 이 명제는 참과 거짓으로 구분된다. 예를 들어 "오늘 날씨 좋다!"라는 표현은 언어로 이루어져 있지만 감정의 표현일 뿐이다. 이런 경우 명제로 성립되지 않는다. 왜냐하면 명제에는 특정한 주장이 담겨 있어야 하며, 자연스럽게 이러한 주장은 '참이다, 거짓이다'로 구분되는 것이어야 하기 때문이다(김영필, 2001: 21-22).

하나 더 생각해야 하는 것은 동일한 문장을 말하더라도 그 말하는 주체가 누구인가에 따라, 그리고 그것을 언제 말했느냐에 따라 진리일 수도 아닐 수도 있다. 그러므로 우리는 명제가 진리의 표현이라고 단정해서는 안 된다. 명제는 말하는 사람과 결부되어야 한다. 누가 언제 그 문장을 발화(發話)하느냐의 맥락에 따라 그때그때 진릿값이 다르다는 사실이다. 이런 점을 고려하여 우리는 진릿값의 담지자를 진술(statement)이라 부른다.

논증의 기본 단위는 진술이다. 진술은 논증에서 각각 전제와 결론의 역할을 한다. 전제(premise)는 논거나 증거를 제시하는 진술들이고 결론은 그 논거나 증거에 의해 뒷받침되는 진술이다(김영필, 2001: 25). 전제는 논자가 자신의 주장이 참이라는 것을 정당화시킬 목적으로 끌어들인 가설이다. 이러한 전제와 결론은 논리적 함의관계(logical implication)를 가진다. 따라서 논증은 반드시 전제들과 결론의 관계로 구성되어야 한다. 전제가 하나일 수는 있지만, 전제 없는 결론을 생각할 수는 없다. 경우에 따라서는 의도적이든 아니든 간에 전제 중 하나가 생략되거나 결론이 생략되는 경우도 있지만, 그렇다고 무전제의 결론은 있을 수 없다. 논리적 근거가 없는 결론이나 주장은 막연한 추측과 억지에 불과하다. 논증은 전제들의 참으로부터 결론의 참을 논리적으로 정당화시키는 일련의 합리적 절차라고 말해도 좋을 것이다.

2. 논증과 비논증

1) 논증과 비논증 구분의 난점

우리가 일상적으로 접하는 모든 주장이 논증은 아니다. 신문에는 수많은 주장들이 등장한다. 하지만 어떤 것이 논증이고 어떤 것이 아닌지를 구분하기란 쉽지 않다. 이것은 일상생활의 언어 표현이 모호하기 때문이기도 하고 언어적 표현이 가지는 신축성 때문이기도 하다. 또한 우리가 일상적으로 표현할 경우에는 반드시 전제와 결론으로 논증을 구성하지 않고 생략하거나 단축해서 간편하게 표현하기 때문이기도 하다. 그러므로 논증을 포함한 구문을 그렇지 않은 구문과 구분하기가 쉽지 않다. 하지만 몇 가지 간단한 절차들을 생각해 볼 수는 있다.

논증적 구문을 탐색하기 위해서는 증거를 제시하는 진술과 그에 의해 뒷받침되는 진술이 있는지를 확인해야 한다. 아무리 참된 진술들이 여러 개로 구성되어 있다하더라도, 어느 하나의 진술을 결론으로 정당화되는 논리적 전제들이 있어야 한다. 이는 전제들로부터 하나의 다른 진술인 결론을 추론해나가는 절차가 수립되어 있는지 없는지를 확인하는 일이다. 가끔씩 눈으로 봐도 논증으로 쉽게 드러나는 것이 있다. 그 경우는 대부분 전제들과 결론을 나타내는 지시어, 예컨대 '그러므로', '따라서', '왜냐하면', '그렇기 때문에' 등과 같은 것으로 연결되어 있다. 하지만 연결사가 있고 없는 것이 논증과 비논증을 구분하는 객관적 기준이 되지는 못한다. 연결사가 있어도 논증이 아닌 경우가 있을 수 있고 연결사가 없어도 논증인 경우가 있다(김영필, 2001: 25).

2) 논증과 설명의 차이

논증을 가려내는 데 가장 곤혹스럽게 만드는 연결사는 '때문에'일 것이다. 이 연결사는 일상적 대화에서 통상적인 의미로 일반하시켜 사용한다. 그러므로 이 '때문에'라는 말을 보고 논증이 아닌 것을 논증으로 간주하는 경우가 적지 않다. 그러나 '때문에'라는 말은 맥락에 따라서 원인을 설명하기도 하고 논리적 이유를 제시하기도 한다.

'때문에'라는 연결사는 주로 어떤 결과의 원인을 설명할 경우에 사용된다. 얼굴에 뾰루지가 난 사람이 병원에서 의사에게 "왜 뾰루지가 났습니까?"라고 질문한다면 그 사람은 의사에게 논증을 바라는 것이 아니라 뾰루지가 난 원인을 '설명'해달라고 부탁하는 것이다. 왜 그런 결과가 야기되었는지 그 원인을 제시하는 진술로 이루어진 구문은 주로 논증이기보다는 설명이다.

1) 프로야구 선수 A씨는 열심히 준비했기 때문에, 올해 일본 프로야구에서 좋은 성적을 거둘 것이다.

2) 프로야구 선수 B씨는 일본 프로야구 진출 첫해에 부진했다. 왜냐하면 갑자기 어머니께서 돌아가시는 바람에 훈련에 집중할 겨를이 없었기 때문이다.

이것은 설명될 사건이나 현상인 피설명항(explandum)과 그 원인을 설명하는 설명항(explans)으로 이루어진 구문이다.

예시문 1)은 열심히 준비했다는 사실이 논거이고, 프로야구 선수 A씨가 성공할 것이라는 생각이 주장이다. 따라서 1)은 논증이다. 반면 2)는 설명이다. '프로야구 선수 B씨가 일본 진출 첫해에 왜 부진했는가?'를 설명하기 위한 근거로 모친의 사망을 들고 있기 때문이다. 이미 일어난 일의 상황을 설명하고 있는 것이다. 어떤 사실이 참일 수밖에 없는 이유나 논거를 제시하는 것은 논증이지만, 참임을 증명하기보다는 도대체 왜 그런 일이 발생하였는가를 해명하는 일에 관심을 가지면 설명이다.

논증과 설명이 다르다는 사실에 다시 한 번 주목하자. 설명은 어떤 현상의 원인을 인과적으로 해명하는 구문이고, 논증은 전제의 참으로부터 결론의 참을 이끌어내는, 즉 추리하는 논자의 주장이 담겨 있는 구문이다. 원인에 대한 단순한 설명은 논자의 주장을 담고 있지 않다. 설명자 혹은 해설자와 논자는 이런 점에서 다르다. 논증과 설명의 차이를 구체적으로 규정해보면 다음과 같다.

〈표 6-1〉 논증과 설명의 차이

논증	전제가 인정되어 있음	증명하기 위해 주장
설명	사실이 인정되어 있음	사실을 분명히 하기 위함

그러나 경우에 따라서는 논증과 설명이 분명하게 구분되지 않고 논증과 설명의 성격을 동시에 가진 문장도 있다. 따라서 논증과 설명을 구분하기 위해서는 대화의 상황과 맥락을 파악할 필요가 있다.

3) 주장 없는 구문

논증에는 반드시 주장이 들어가야 하며 주장이 없는 문장은 논증이 될 수 없다. 아무리 고결하고 숭고한 뜻을 담고 있어도 주장이 빠진다면 아름다운 수필은 될 수 있지만 논증은 될 수 없다. 한마디 충고나 삶의 지혜를 담은 구문들이나 감정을 표현한 시구, 해설이나 담화 형식의 구문들과 보고문, 단순한 신념이나 신앙을 표현하거나 혹은 막연하게 늘어놓은 문장들의 꾸러미는 모두 논증하는 글로서의 자격을 갖지 못한다.

『바이블(Bible)』 구절에 나타나는 수많은 잠언들도 논증은 아니다. 물론 대부분의 종교 경전의 내용은 진리를 선포하지만, 그것은 진리를 선포할 뿐 어디에도 그것이 진리임을 논리적으로 정당화하는 절차는 없다. 종교 경전에 근거한 진리의 주장은 대표적인 순환 논증의 오류이기도 하다.

신문기사 또는 각종 보고서(report)는 어떤 상황이나 사건에 대한 정보를 전달하는 일련의 진술들로 이루어져 있다. 그러나 대부분의 경우 보고문은 논증이 되지 않는다. 정보를 전달하는 구문이 많고 논자의 주장이 담겨 있지 않기 때문이다. 신문기사에서는 다른 전문가들의 희망이나 전망을 싣는 경우가 적지 않지만, 이 경우에도 다른 사람이 평가한 내용을 보고하는 것일 뿐 자신의 주장이 아니기 때문에 논증이라고 할 수 없다.

3. 대표적인 비논증의 유형

비논증의 대표적인 유형으로는 심리적 오류, 사람에 의한 오류, 자료적 오류 등이 있다(김광수, 1990; 김영필, 2001; 박은진 · 김희정, 2004).

1) 심리적 오류

(1) 감정에 호소하는 경우

가. 연민에 호소하는 오류

동정심이라는 감정을 의도적으로 사용하는 경우를 말한다. 동정 혹은 연민에 호소하여 자신의 주장을 상대방에게 설득시키려고 하는 것은 다분히 의도적이라는 데 문제가 있다. 예를 들면, '교수님, 마지막 학기인데 F만은 면하게 해주세요' '아버지 돌아가시고 어머니 돌아가시고 세상은 정말 너무하군요' 등과 같은 말이 이에 해당한다. 사람은 측은지심(測隱之心)을 갖기 마련인 만큼 동정할 수는 있지만, 동정이 논증의 성패를 결정해서는 안 된다.

나. 공포에 호소하는 오류

이때의 공포는 물리적인 힘을 의미하는 것이 아니다. 물리적인 힘에 의존하는 사람이라면 정상적인 대화를 할 수 없다. 힘에 호소하는 논증은 강한 수식어를 사용하여 상대를 위협하고 자신의 주장을 관철시키는 전략이다. '결단코' '결사항전' '기필코' '목숨을 걸고' 등과 같은 언어적 표현은 사실 자신의 논거가 허약하기 때문에 상대를 말로써 위협하여 자신의 주장에 동의하도록 하려는 논자의 감정을 반영하는 것이다. '이쯤 되면 막가자는 거지요?' '당신의 주장은 절대 용납

할 수 없습니다. 결사항전의 자세로 맞싸울 것입니다'라는 말들이 여기에 해당한다.

다. 증오에 호소하는 오류

대화는 인내심과 관용을 가지고 임해야 한다. 그럼에도 불구하고 우리는 종종 대화를 더 지속하면 자신에게 불리해질 것을 미리 알고 나름대로 대처하는 수단으로서 증오에 호소하는 경우를 보기도 하고 실제로 그렇게 하기도 한다. 이것이 증오에 호소하는 오류이다. 선거 때 불거지는 지역감정 조장이나, 나치의 유대인 박해 등은 증오에 호소하는 오류이다.

라. 군중에 호소하는 오류

어리석은 군중의 감정을 부추겨 논자 자신의 결론에 동조하라고 설득하는 경우에 군중에 호소하는 오류를 범하게 된다. 군중 혹은 대중(mass)이란 단어는 원래 덩어리와 질량을 나타낸다. 논자는 대중들의 군중심리를 자신의 결론이 수락되도록 적절하게 이용한다. '너 아직도 유명연예인 K를 모르니? 사람들이 다 알고 있어' '조기유학이 대세인 시대, 행동하지 않는 부모는 자식에게 이미 죄인입니다'와 같은 말이 좋은 사례이다.

마. 농담에 호소하는 오류

논의하는 문제와는 상관없는 농담을 던져서 분위기를 전환하여 슬며시 다른 문제로 관심을 돌리거나, 약한 입장을 피해가기 위한 전략으로 의도적으로 사용하는 경우에 농담에 호소하는 오류를 범하게 된다. 공개토론에서 주제에 대한 반박 없이 웃음으로 상대방의 예봉을 꺾는 태도가 이에 해당한다.

바. 부적합한 권위에 호소하는 오류

부적합한 권위에 호소하는 오류는 크게 몇 가지 부류가 있다. 첫째, 한 분야에서 인정될 수 있는 권위가 다른 분야에서 잘못 인정되는 경우이다. 철학박사가 주장한 과학적 사실을 박사라는 이유만으로 신뢰하는 경우가 여기에 해당된다. 둘째, 아직 확립되지 않은 권위를 아무런 전제 없이 인용할 때는 권위 자체가 없으므로 부적합한 권위에 호소하게 된다. 셋째, 특정한 표현인 '여호와' '자왈(子曰)' '가라사대' 등으로 특정한 권위를 절대화하는 경우이다.

(2) 사람에 호소하는 경우

가. 인신공격의 오류

오류는 논증의 과정에서 발생한다. 논자 자체인 사람에서 발생하는 것이 아니다. 따라서 사람이기에 저지를 수 있는 시행착오를 가지고 그 사람의 논증 자체를 평가하는 것은 바람직하지 않다. 예를 들면, '여자들은 원래 사치스러우니 소비에 대한 말은 들을 가치가 없어!' 이런 태도는 사람에 의해 발생하는 논증으로, 일종의 '욕설적 논증'이다. 논증보다는 논증을 제시한 출처인 사람을 평가하는 것이기에 종종 '인신공격의 오류'로 불린다.

나. 피장파장의 오류

피장파장의 오류는 인신공격의 오류가 변형된 것이다. '너나 잘해' '너도 똑같애' '야 너 왜 컨닝했어?' '너도 컨닝했잖아!' 같은 반문이 여기에 해당한다. 상대방에 대한 인신공격으로 자신의 행위를 정당화하는 오류이다.

다. 원천봉쇄의 오류(우물에 독 뿌리기)

원천봉쇄의 오류도 사람에 대한 오류이다. 자신의 주장을 상대방에게 논리적으로 설득시켜야 하는 대화의 원칙을 무시한 채 제시될 수 있는 반론의 여지를 원천적으로 봉쇄하는 전략이다. 이 오류에 대해 '우물에 독 뿌리기'라는 표현을 쓰기도 하는데, 반론의 원천이 되는 우물에 독을 뿌려서 그 우물을 못 쓰게 만든다는 의미이다. 예를 들면, '만약 당신이 주한미군 철수를 주장한다면, 당신은 공산주의자임이 분명하다'와 같은 말이 이에 해당한다.

2) 자료적 오류

가. 성급한 일반화의 오류

비형식적 오류 중 가장 널리 알려진 오류이자, 흔히 침소봉대(針小棒大)라는 표현으로 대표되는 것이 바로 성급한 일반화의 오류이다. 여기서 성급하다는 표현은 관찰된 사례들이 그 사례가 포함되어 있는 집단이나 전체를 충분히 대표하지 못한다는 뜻이다. 아무리 관찰된 사례가 많다고 하더라도 대표성을 갖지 않는 사례라면 성급한 일반화의 가능성이 크다.

나. 의도확대의 오류

우리는 언제나 역지사지에 익숙하지 않기 때문에 상대방의 의도를 자신의 입장에서 확대하는 오류를 범하기 쉽다. 이러한 경우에 발생하는 것이 바로 의도 확대의 오류이다. 무단횡단을 하다 실수로 교통사고를 일으켰을 때, 할머니가 교통사고를 내기 위해 일부러 무단횡단을 했다고 주장하는 것이 여기에 해당된다.

다. 논점 일탈의 오류(무관한 결론의 오류)

논점일탈의 오류는 논자가 주제를 교묘하게 바꾸어 독자나 청자의 관심을 다른 데로 향하게 하고 바꾸어진 주제에 대한 결론을 이끌어 내어 자신의 주장을 관철시키려는 전략에서 발생하는 것이다. 이 오류는 어떤 사람이 어떤 논점을 뒷받침하기 위해 제시한 전제들이 사실은 다른 논점을 뒷받침하고 있을 경우에 발생한다. 예를 들면, 지역 주민은 '저희 마을은 정부의 핵폐기물 처리장 설립에 반대합니다. 방사능 유출 사고가 너무 걱정됩니다'라고 호소하는데, 정부대표는 '정부에서는 여러분들을 위해 다양한 재정지원 방안을 준비하고 있습니다'와 같은 대화이다.

라. 본말전도의 오류

일의 선후관계를 파악하지 않고 행위함으로써 생겨나는 오류를 가리킨다. 주례가 성혼선언문을 낭독하기 전에 '신랑, 신부 입장!'이라고 칭하지만 일의 순서를 볼 때 성혼선언을 하기 전에는 아직 예비신랑 신부에 불과하다. 또한 예를 들어 역사적 현실 자체를 특정한 방법론적 틀에 짜 맞추어 넣으려는 태도가 여기에 속할 것이다. 예를 들면, '컴퓨터의 능력이 증대될수록 인간의 정신도 한낱 기계에 불과하다는 사실이 더 명확해질 것이다'와 같은 언표가 이에 해당한다.

마. 무지의 오류

증거의 부재가 부재의 증거가 되지는 않는다. 이는 귀납추론의 오류 가능성을 의미하는 것인데, 예를 들어 에이즈 병원균의 실체를 아직 못 찾았다고 해서 그 때문에 에이즈의 병원균이 존재하지 않는다고 말할 수는 없는 것이다. 아직 발견하지 못했다는 것을 이유로 그 존재를 부정하는 것은 일종의 무지에 호소하는 오류가 되는 것이다.

바. 우연의 오류

모든 법칙에는 예외가 있다. 일반적인 법칙은 이미 그것이 적용될 수 없는 우연적인 경우를 전제하고 있다. 법칙은 항상 특수한 사실들을 근거로 하여 일반화된 것이기 때문에, 항상 그 사례들에 속할 수 없는 우연적 사실이 있을 수 있다는 것을 전제한다. 또한 원칙들은 그 원칙이 적용될 수 있는 일정한 조건들이 있기 때문에 그 조건들이 성립하지 않을 경우 우연의 일치가 일어나게 된다.

사. 합성의 오류

전체는 부분들의 단순한 합이 아니다. 부분들의 성질들을 다 모은다고 해서 그것으로부터 전체의 성질이 결정되는 것은 아니다. 부분들이 A라는 성질을 모두 가지고 있다고 해서 그것들로 이루어진 전체 역시 A라는 성질을 가지고 있다고 추리한다면, 부분들을 전체의 성질로 잘못 결합하는 오류를 범한다. 합성의 오류는 성급한 일반화의 오류와 혼동하기 쉽다.

아. 분할의 오류

한국이 1인당 GDP 2만 불을 달성했다 하더라도 국민 모두의 소득이 2만 불이 되는 것은 아니다. 전체의 성질을 부분 하나하나의 성질로 아무런 제한 없이 그대로 환원하는 것이다. 합성의 오류와는 방향이 반대이다. 예를 들면, '소금(NaCl)은 나트륨과 염소의 합이니 소금 대신 나트륨과 염소를 먹어도 돼'라는 표현이 이런 오류에 해당한다. 분할의 오류는 우연의 오류와 혼동하기 쉽다.

자. 허수아비 공격의 오류

마치 사람이 아닌 허수아비를 쓰러트리듯, 논자가 상대방을 쉽게 공격할 의도로 상대방의 논증을 비판하기 쉬운 방식으로 왜곡해서 해석하고 이를 반박한 후 상대방의 논증 자체를 반박했다고 규정하는 경우이다. 이때 논자는 자신의 앞에 있는 상대방 대신 자신이 규정한 가공의 인물, 가공의 논제와 토론을 하는 독백을 하고 있는 셈이다.

차. 거짓 원인의 오류(원인 오판의 오류)

'까마귀 날자 배 떨어진다'는 말처럼 우리는 어떤 것의 시간적 선후관계를 인과관계로 판단하곤 한다. 그러나 시간적 선후관계와 인과관계는 큰 연관성이 없을 수 있다. 까마귀 날자 배가 떨어질 수는 있지만 까마귀가 난다고 항상 배가 떨어지는 것은 아니다. '내가 수염을 깎지 않으니 우리 팀이 연승을 시작했어. 앞으로 팀을 위해 계속 안 깎겠어'와 같은 말도 여기에 해당한다.

카. 약한 유추의 오류

은유나 비유는 우리가 언어의 의미를 이해하기 위한 효과적인 수단이다. 그러나 적절하지 않은 비유나 혹은 별 연관성이 없는 비유는 오히려 이해를 저해하는 역할을 수행하기도 한다. 근거가 약한 비유나 유비는 일종의 오류이다.

타. 흑백사고의 오류(거짓 이분법의 오류)

흑백사고의 오류는 제3의 대안이 있다는 것을 처음부터 의도적으로 배제한다. 이처럼 '이것 아니면 저것'이라는 두 개의 대안만 제시하고 이것이 가능한 대안 전부인 것처럼 믿게끔 유도하여 어느 경우를 선택하더라도 곤경에 처하게 할 목적으로 제시되는 논증은 거짓 이분법의 오류를 범한 것이다. 이 오류는 종종 흑백사고의 오류나 양도논법의 오류로 불리기도 한다.

3) 언어적 오류

가. 모호한 언어나 구절의 오류

모호성은 하나의 단어가 두 가지 이상의 의미를 가진 것으로 해석될 수 있을 때 발생한다. 그러나 두 가지 이상의 의미로 해석된다고 해서 다 모호하지는 않다. 다만 모호한 표현을 사용하여 상대의 판단을 혼란스럽게 할 의도가 있을 경우에 문제가 생긴다. 모호한 구절의 오류는 논자가 구조적 결함 때문에 모호한 진술을 잘못 해석하여, 이 잘못 해석된 것을 근거로 결론을 이끌어낼 경우에 발생한다. 주로 쉼표, 구두점, 단어의 배열순서 등에 따라 달리 해석할 수 있다.

나. 범주착오의 오류

동일한 범주에 속하지 않는 단어를 혼동하여 동일한 범주에 속하는 것으로 사용할 경우에 발생한다. 물론 범주착오를 범하는 표현들이 때로는 정서적인 효과를 가지기도 한다. 예컨대 '맥주가 살아 숨 쉰다.' '하얀 피를 토해내며 달리는 철마' 등이 그런 예다. 모든 물리적 현상에는 그것을 야기하는 원인이 있다. 그러나 정신적 현상과 물리적 현상은 근본적으로 다른 특성을 가진다. 따라서 정신적 현상에 대해서는 물리적 법칙으로 설명할 수 없는 영역이 있다. 그런데 정신적 현상도 물리적인 인과의 법칙으로 충분히 설명할 수 있다고 생각한다면, 이것은 자연에 적용 가능한 법칙을 정신에 잘못 적용하는 범주착오의 오류를 범하는 것이다.

다. 은밀한 재정의의 오류

아전인수(我田引水)가 대표적인 은밀한 재정의의 오류이다. 우리는 이처럼 편리하게 아전인수식으로 자기 기준에 따라 다시 정의하는 위험한 짓을 한다. 이렇게 다시 정의하는 목적이 자신의 주장이 참임을 관철시키기 위한 논리적 전략으로 이용된다면 이것은 일종의 은밀한 재정의의 오류이다.

토의 및 논쟁

1. 아래의 주장에 나타난 오류를 분석해 보자.

"한국의 초중등교육은 매우 경쟁력이 있다. 그러나 고등교육은 그렇지 않다. PISA자료에 따르면 한국의 초중등학교 학생들의 수학 및 과학 성적은 세계 최상위권이다. 하지만 고등교육의 경우, 한국의 주요 대학들은 세계 100위권에 미치지 못한다."

2. 아래의 주장에 나타난 오류를 분석해 보자.

"각 지방자치단체에서 설립한 영어마을은 성공적으로 운영되고 있다. 개장 이래 현재 400만 명의 학생이 방문하여 현장 체험학습을 수행했다."

3. 한국사회에서 발생하는 교육열의 '근린동조성(近隣同調性)'[4]에 대해 탐색하고, 그로 인한 교육 행위에서 학부모들이 범하는 논리적 오류를 분석해 보자.

4. '나는 교육적 논쟁에서 논리적 오류를 범하지 않는다'라는 가정을 전제로, 하나의 교육 문제를 제시하여 논쟁하되, 상대방이 저지르는 논리적 오류를 지적해 보자.

4) 근린동조성은 이웃에서 어떤 교육적 행위를 할 때 함께 따라하는 특성을 드러내는 학부모의 행동 패턴을 말한다. 예를 들면, 옆집에서 학원을 보내면 따라서 학원을 보내고, 특별한 교육 프로그램이 있으면 함께 따라서 참여하는 등 교육에 대한 주관이나 주체적인 철학이 없이 주변 분위기에 휩쓸려 결정하는 형태이다.

논술탐구

논술을 하기 위해서는 '논리적 사고'와 '논리적 근거', '명확한 진술과 주장'이 필요하다. 〈토의와 논쟁〉에서 활동한 내용을 바탕으로, 하나의 주제를 선택하여 자율적으로 논술을 탐구해 보자.

제7장

교육의 개념 정립을 위한 논리적 사고 활동

교육은 교육학자들의 정의에 의존하여 얘기하기 쉽다. 이는 교육의 본질을 이해하는 데는 도움을 주지만, 일반 대중들이 생각하는 교육이라는 용어의 쓰임과는 적잖은 괴리가 있다. 특히 교육과 관련하여 자주 사용되는 개념들이 있는데 그것은 교육과 유사해보이지만, 실제로는 교육과는 거리가 있다는 점에서 심사숙고할 부분이기도 하다. 교육과 관련되는 개념에는 교수-학습, 훈육, 훈련, 교화에 이어 입신양명, 공부, 성적 등 매우 다양하다. 이와 같은 다양한 개념 분석을 통해, 교육을 고민하고 교육 문제에 대처하기 위한 논리적 사고력을 극대화할 수 있다.

1. 교육의 개념 분석

'교육'이라는 현대적 용어는 동아시아 전통 사회에서 보편적으로 사용되었던 표현이 아니다. 유교에서는 교육이라는 말보다 교(敎), 학(學), 회(誨), 훈(訓), 교학(敎學), 교화(敎化), 학문(學問), 강습(講習), 학습(學習), 수신(修身), 격몽(擊蒙) 등의 용어를 많이 썼다. 우리 사회에서 언제부터 교육이라는 말이 통용되었는지는 분명하지 않다.

하지만 1895년 고종이 '교육입국조서'를 발표했던 것을 볼 때, 교육이란 말을 사용했던 것은 분명하다. 이것은 1868년 일본 메이지(明治) 시대에 발표된 '교육칙어(敎育勅語)'의 영향을 받은 것으로 추정할 수 있다. 조선사회는 분명한 유교적 패러다임에 따라 움직이던 사회였던 만큼, 한자문화권에서 일상적이지 않은 '교육'이라는 단어는 보편적이지 않았고 그 쓰임은 불분명했던 것으로 보인다.

『교육학용어사전』에 등장하는 교육의 정의는 사뭇 다르다. 여기서는 교육을 다음과 같이 설명한다.

교육은 인간의 정신적, 신체적 성장과 발달을 어떤 이상이나 목적, 혹은 어떤 가치 기준에 의하여 통제하거나 조력하는 일련의 인위적 과정이다. 자연적 성장이나 우연적 학습은 엄격한 의미의 교육에서 제외된다. 교육은 적어도 그것을 계획하고 주도하는 사람이나 사회가 무언가를 의도하고 있음을 내포한다. 그 의도는 직접적이고 명시적일 수도 있지만, 간접적이고 암시적일 수도 있다. 그것은 단기적이고 미시적일 수도 있으며, 장기적이고 거시적일 수도 있다. 교육을 계획하고 관리하는 사람이나 사회가 무엇을 의도한다는 것은, 적어도 가치 있는 것을 추구하는 태도나 정열이 수반됨을 뜻한다. 다시 말하면, 교육은 본질적으로 '가치지향성'을 특징으로 한다. 교육이 지향하는 가치 또는 가치체계는 그 교육을 계획하고 관리하는 공동체의 이상이나 사회의 이데올로기와 일치한다.

교육을 보는 여러 관점 중에 성년식의 관점에서 이해하는 경우도 있다(Peters, 1981). 피터스는 『윤리학과 교육』에서 "교육은 가치 있는 활동들, 또는 사고와 행동의 양식으로 사람을 움직이되 교육의 개념에 논리적으로 포함되어 있는 세 가지 기준을 충족시켜야 한다"고 했다. 여기서 제시된 세 가지 기준은 첫째, 교육은 가치 있는 것을 전달함으로써 그것에 헌신하는 사람을 만든다는 규범적 기준, 둘째, 교육은 지식과 이해, 지적 안목을 길러주는 일이며 이런 것들이 무기력한 것이어서는 안 된다는 '인지적 기준', 셋째, 교육은 교육받는 사람의 의식과 자발성을 전제로 한다는 점에서, 몇 가지 전달 과정은 교육의 과정으로 용납될 수 없다는 '과정적 기준'이다.

오늘날 우리가 사용하는 '교육'이라는 용어에는 인간이 오랫동안 끊임없이 해오던 활동의 의미, 또는 그 활동을 하는 동안에 사람들이 틀림없이 했을 것으로 보이는 그런 생각이 들어 있다. 그러므로 교육이라는 용어의 역사는, 교육을 하면서 살아온 인간 삶의 역사와 일치한다. 지적 유산을 물려받았거나 문명화 과정을 거친 삶을 살고 있는 우리의 삶을, 지식이라는 형식을 사용하여 전수하는 작업이다. 교육은 이러한 지식의 형식, 또는 문명화 과정을 거친 삶의 형식에 사람들을 입문시킴으로써 그들이 문명사회의 성숙한 구성원으로서 살아갈 수 있게 해준다(신창호, 2012a).

2. 교육과 유사한 개념들

위에서 살펴본 것처럼, 교육은 상황에 따라서 다양하게 표현된다. 넓은 의미에서는 인간의 삶에서 이루어지는 모든 행위로 볼 수도 있지만, 좁은 의미에서는 일반적으로 학교교육(schooling)을 말한다. 교육을 보다 정확하게 이해하기 위해서는 상황에 따라 달리 표현되는 교육과 유사한 개념이나 용어를 파악할 필요가 있다. 즉 어떤 상황에서 어떤 의미로 교육이 구명되는지 명확하게 알아야 하는 것이다. 교육과 유사한 의미를 가진 용어로는 '교수-학습 활동', '훈육(訓育)', '훈련(訓練)', '교화(敎化)', '품성형성(品性形成)', '사회화' 등이 있다.

'교수-학습 활동'은 가르침과 배움을 기본으로 하는 가장 좁은 의미의 교육이다. 이는 흔히 학교와 같은 공식적 교육기관에서 많이 이루어진다. 인간이 갖추어야 할 기본적 자질이나 교양을 쌓기 위하여 보편적 가치를 지닌 교육내용을 매개로 교사와 학생 사이에 일어나는 상호작용을 말한다.

'훈육'은 정해진 규칙을 따라 배우는 것을 기본으로 한다. 예를 들면, 문법의 규칙과 같은 교과 자체와 관련된 규칙, 주의집중에 관한 규칙과 같은 학습방식에 관한 규칙, 출석이나 전학, 긴급 상황에서의 조치 등과 같은 효율적 운영을 위한 규칙 등. 이런 다양한 규칙은 훈육을 통해 이루어진다.

'훈련'은 주로 특정한 직종에서의 업무능력 개발을 의미한다. 예컨대, 군대에서 사격술을 연마하는 일에 대해 사격교육이라기보다는 사격훈련이라고 한다. 컴퓨터 자판에서 타자연습을 하는 것도 마찬가지다. 그러므로 교육내용이 갖는 가치도 특수한 상황에 처한 개인의 가치실현을 지향한다. 때문에 훈련은 교육과 결정적으로 다르게 가치지향적 활동이 아니라 가치중립적 활동이다.

'교화'는 훈련과 유사하게 특수한 상황에 처한 개인의 입장을 고려한 교육활동으로, 특정한 목적과 이데올로기를 일방적으로 주입하는 과정이다. 예를 들면, 유교, 기독교, 이슬람교 같은 종교나 공산주의 국가에서 그들의 교리나 이론을 주입하여 국민들을 무장시키거나 의식화하는 경우가 이에 해당한다.

'품성형성'은 사회 환경과 조직 풍토의 영향 속에서 자신도 의식하지 못하는 사이에 교육이 이루어지는 의도하지 않은 교육 작용이다. 이는 가치 수용이나 태도 형성, 지식, 기능의 습득 등 다양한 측면에서 일어난다.

'사회화'는 인간이 성장, 발달해 가면서 자기가 속한 집단의 문화, 즉 생활양식이나 행동양식 등을 내면화하고, 자신의 독특한 개성과 자아를 형성해 가는 과정을 말한다(강선보 · 신창호, 2009: 31).

3. 교육의 주변 개념

1) 입신양명

입신양명(立身揚名)은 전통적으로 교육의 목적을 정당화해 주는 핵심 용어 역할을 했다. 『효경』에 등장하는 "신체발부 수지부모 불감훼상 효지시야(身體髮膚 受之父母 不敢毁傷 孝之始也)"라는 구절과 짝을 이루는 "입신행도 양명어후세 이현부모 효지종야(立身行道 揚名於後世 以顯父母 孝之終也)"에서 나온 말로 잘 받은 교육의 결과를 대변한다. 입신양명은 사전적 의미로는 "사회적으로 인정받고 출세하여 자신과 부모의 이름을 드높인다"라는 뜻을 가지고 있다. 이 말은 많은 사람들에게 교육의 목적으로 비춰졌고 교육을 통한 궁극적 지향점으로 여겨지기도 하였다.

'높은 교육열'로 잘 알려져 있는 한국사회는 과연 교육의 본질에 부합하는 교육을 실천하는가? 그보다 교육이 입신출세를 위한 활동으로 작용한 것은 아닌가? 자식을 위한 부모들의 교육적 투자는 인적 자본론의 입장에서는 합리적인 투자일 수 있다. 하지만 그것이 자기 자신에게 충실하고 타자를 배려하는 한국 전통의 교육 원리에 부합하는 활동은 아니다. 청소년들은 대학입학이라는 일차적 목표를 달성하고, 대학생이 되어서는 또 다시 스펙 쌓기를 비롯한 치열한 경쟁을 통해 취업 전선으로 나아간다. 이는 성공하려는 의지와 활동을 표현한다는 점에서 일정한 의미가 있다. 그러나 그것이 교육의 전부인지는 심각하게 성찰할 필요가 있다.

학부모들의 자식에 대한 기대, 교육 지원 활동을 교육으로 간주해서는 안 된다고 말하는 것도 지나친 확대해석이다. 이들의 활동 역시 한국사회에서는 '교육활동의 하나'로 평가되고 연구대상으로 인정되어야 한다. 하지만 그것과는 별개로 일반적인 학부모들이 생각하는 교육이 교육 본래의 의미와 다를 수 있다는 사실은 충분히 지적할 필요가 있다.

2) 공부

공부 또한 교육과 관련하여 가장 널리 쓰이는 표현이다. 사전적으로 공부는 "학문이나 기술을 배우고 익히는 활동"을 뜻한다. 이 말은 현대 한국사회에서는 학교에서 좋은 성과, 달리 말하면 국어, 영어, 수학 같은 교과목에서 좋은 성적을 내기 위한 활동을 의미한다. 대학의 고등교육에서 공부는 특정한 기간에 전공 학점을 이수하거나 스펙을 쌓기 위해 하는 활동으로 그 의미가 더욱 축소된다.

그러나 전통 유교에서 공부의 의미는 사뭇 다르다. 퇴계는 『자성록』

에서 공부의 근본을 다음과 같이 지적한다. “어버이를 비롯한 윗사람들을 잘 대하고, 동료들을 존중하는 동시에 원만한 관계를 이루며, 자신에게 충실하고 다른 사람을 신뢰하며 성실하게 대하는 일, 그 다음에 세상의 여러 가지 일에 나아가 자신의 자질을 다하고 주어진 일에 최선을 다하는 것이다”(신창호, 2010).

이러한 관점에서 볼 때, 전통적인 공부의 개념과 오늘날 사용되는 공부의 개념은 매우 다르다. 전통 사회에서 공부가 자신을 수양하는 과정이었다면, 현대 한국사회에서 공부는 입신양명을 위한 수단과 노력을 가리키는 말로 그 의미가 달라졌음을 확인할 수 있다.

3) 성적

성적(成積)은 사전적으로 “지금까지 해 온 일의 결과를 통해 얻은 실적을 가리키거나 학생들이 배운 지식, 기능, 태도 따위를 평가한 결과”를 의미한다. 즉 학교에서 학생들이 지금까지 해온 공부의 결과를 시험과 같은 방식을 통해 평가하고 이를 점수화·석차화한 수치를 일컫는 말이다.

이러한 성적이라는 표현에는 ‘그간에 얼마나 배우고 얼마나 노력했으며 얼마나 자기 성장을 이루었는가’와 같은 개념은 들어있지 않다. 교육을 통해 얻을 수 있는 성과가 반드시 수치화될 수 있는 것이 아님에도 불구하고, 성적이라는 표현에는 학생들이 학교에서 공부를 통해 지향해야 할 특정한 가치를 강요하는 경향이 반영되어 있다.

성적이라는 표현은 원래 판매 실적이나 근무 실적, 또는 올림픽과 같은 스포츠 경기에서 특정한 수준 이상의 결과를 얻었을 때 표현하는 언표이다. 성적이라는 표현만 놓고 봤을 때, 공부에서 지속적인 노력을 통한 쌓음[積]을 강조했던 순자(荀子, B.C. 298－B.C. 238)의 주장을 반영하는 것처럼 보이지만, 오늘날 사용되는 개념과 용례는 그런 자기 수양이나 예(禮)의 의미는 담겨 있지 않다.

참고자료 8 교육의 허와 실

성폭행 학생이 봉사왕 … 뻥 뚫린 입학사정관제
학교서 추천서 받아 A대 입학
대학 측 "사실 확인되면 입학 취소"

성폭행 가해자가 입학사정관제 리더십전형으로 올 3월 A대학에 진학한 사실이 뒤늦게 알려지면서 제도의 공정성과 신뢰성 논란이 일고 있다. D시의 모 고교는 집단 성폭행을 했던 학생을 인성이 우수한 봉사왕이라고 대학에 추천했고, 대학은 별다른 검증 없이 리더십이 뛰어난 학생으로 평가해 합격시켰다.

K모 A대 입학처장은 17일 "고교 추천서에는 인성 면에서 우수하다는 평가만 기재돼 있을 뿐 사건과 관련된 언급이 전혀 없었다. 고교에서 작성한 추천서와 학생부를 일일이 검증하긴 힘들다"고 밝혀 사실상 제도의 허점을 인정했다. 대학 측은 문제 학생의 집단 성폭력 사실이 확인되면 입학을 취소시킬 방침이다.

D시 교육청에 따르면 A대 1학년 C씨는 2010년 5월 D시에서 한 달 동안 정신지체장애 여중생을 집단 성폭행한 4개 고교 16명 학생 중 한 명이다. 당시 법원은 피해자와 법률상 합의가 이뤄진 점 등을 이유로 전과 기록이 남지 않는 '소년보호' 처분을 내렸다. 사건이 종결된 뒤에도 지역사회에서는 문제 학생들에 대한 처벌 수위가 낮다며 경찰청과 법원에 항의가 쇄도하는 등 논란이 이어졌다.

하지만 C씨는 지난해 A대 입학사정관제 리더십전형에 지원하면서 그런 사실을 숨겼다. 고교 측은 1, 2학년 때 반장을 지냈던 C씨를 '봉사를 많이 한 학생' '봉사왕' 등으로 인성이 훌륭한 학생으로 소개하는 추천서를 써줬다. 이 학교 교장은 "학교와 협의해 추천한 게 아니라 본인이 번저 원서를 작성해 와 추천서를 쓰게 됐다"며 "확정판결이 지난해 11월 나왔고 원서는 같은 해 8월에 작성했는데 혐의만 있는 상황에서 추천서를 안 써줄 수 없었다"고 해명했다.

(사)전국장애인부모연대 D시 지부는 이날 "성폭력 가해자를 '봉사왕'으로 세탁해 대학생을 만든 것은 명백한 범법 행위"라며 "해당 학생의 합격을 취소하고 D시 교육청은 가해 학생들의 입학 실태를 조사해 재발 방지 대책을 마련하라"고 촉구했다.

출처 중앙일보 2012년 8월 18일자

토의 및 논쟁

1. 최근 한국사회는 복지 논쟁이 한창이다. 교육 분야에서도 무상급식, 의무교육 등 다양한 복지정책이 제안되고 있다. 이러한 교육 문제 중에서 하나를 선택하여 앞에서 설명한 '변증술'을 활용하여 토의해 보자.

2. 인권은 인간에게 중요한 문제 중 하나다. 교육에서 '학생의 인권'과 '교사의 인권'도 마찬가지다. 교사가 학생을 대상으로 생활지도를 하고 있다고 가정하고, 이때 '학생의 인권'과 '교사의 인권' 중 누구의 인권이 더 존중되어야 하는지, 수사학을 활용하여 설득해 보자.

3. 교육과 연관된 다양한 활동 가운데 쇼펜하우어의 토론술을 활용할 수 있는 상황을 탐색해 보자.

4. 근대 논리학에서 '논증'과 '비논증'의 문제는 매우 중요하다. 교육 문제를 다루는 다양한 언론 보도에서, 논증과 비논증의 사례를 찾아 토의해 보자.

논술탐구

논술을 하기 위해서는 '논리적 사고'와 '논리적 근거', '명확한 진술과 주장'이 필요하다. 〈 토의와 논쟁 〉에서 활동한 내용을 바탕으로, 하나의 주제를 선택하여 자율적으로 논술을 탐구해 보자.

제8장

적절한 근거 제시와 비판 1

-언론 보도-

현대인들은 신문과 방송, 인터넷 등을 통해 정보를 습득하고 그 정보를 활용하여 자신의 주장을 가다듬는 경우가 많다. 그런데 과연 다양한 매체가 사실을 있는 그대로 전달하는지에 대해서는 논란의 여지가 있다. 원칙적으로 언론은 사실보도를 지향한다. 그러나 간혹 사실보도를 지양하는 건 아닌지 의심스러울 때도 있다. 인터넷 매체의 발달에도 불구하고 신문과 방송의 영향력은 여전히 막강하다. 이에 그것의 주관적 속성을 파악하고, 언론이 보여주는 보도의 내용들이 정확한 사실과 근거에 바탕하고 있는지 성찰하여, 토론을 성공적으로 이끌어갈 자료로 활용할 필요가 있다.

1. 헤드라인의 함정

우리는 일반적으로 TV뉴스의 첫 소식, 신문 1면의 헤드라인을 하루에 있었던 일 중 가장 중요하고 파급력 있는 내용으로 생각한다. 그러나 사실은 그렇지 않다. TV와 신문을 장식하는 소식들은 사람들의 일상과 전혀 상관없는 얘기들을 다루기도 한다.

2007년 MSNBC의 기자 미카 브레진스키는 자신이 진행하던 아침 뉴스 프로그램의 첫 기사로 음주운전으로 수감된 패리스 힐튼의 출감 소식이 올라오자 이를 방송하지 않고 생방송 중에 뉴스기사를 찢어 버렸다.

일상생활을 살아가는 사람들에게 패리스 힐튼이라는 철없는 갑부 상속녀의 일상은 그야말로 가십거리에 불과할 뿐 아무런 가치도 없는 일이다. 그렇지만 당시 MSNBC는 이 사실을 첫 번째 기사로 보도했다. 선정적인 보도는 사람들의 흥미와 자극을 일으키고 시청률 상승으로 이어지기 때문이었다. 브레진스키는 "패리스 힐튼을 둘러싼 언론의 보도 형태는 큰 문제이다. 이번 일을 계기로 우리들이 솔직하고 활발한 대화를 했으면 좋겠다. 무엇이 뉴스이고 무엇이 뉴스가 아닌가에 대하여 공개적인 토론을 해야 할 필요가 있다"고 지적하였다(Harcup, 2009: 45-46).

신문과 기사에 나오는 얘기들을 무비판적으로 수용할 수밖에 없는 다수의 사람들에게 이런 일은 충격적이다. 하지만 알고 보면 결코 특별한 일도 아니다. 뉴스(news)라는 제목처럼 모든 뉴스는 새로운 소식을 뜻한다. 그러나 새로운 소식은 대체로 좋은 소식이 아니다. 사회면 신문기자들이 먼저 하는 일 중 하나는 경찰서에 들러 새로운 소식이 없는지를 확인하는 일이다. 물론 경찰서에서 좋은 소식이 들릴 가능성은 그리 높지 않다.

연구에 따르면, 잠재적인 기사거리가 뉴스기사로 선정되려면 일반적으로 다음의 범주 중에서 한 가지 이상의 항목에 해당해야 한다. 권력자, 유명인, 연예계 소식, 놀라움, 나쁜 소식, 좋은 소식, 강도, 관련성, 후속기사, 미디어 아젠다 등으로 다양하다. 그러나 이러한 요소들 중에 실제로 일상을 살아가는 평범한 시민들의 삶에서 중요하고 절실한 소식은 그리 많지 않다.

[그림 8 - 1] 언론의 선정성을 상징하는 황색 저널리즘(yellow journalism)의 어원이 된 만화 캐릭터

유럽의 한 자선단체와 비정부기구 모임에서는 대안적 뉴스 지침으로 아래와 같은 기준을 제시하였는데, 이 기준은 기존의 뉴스보도가 어느 정도로 또는 어떠한 방식으로 편향되어 있는지를 보여준다는 점에서 의미가 있다(Harcup, 2009: 50).

▪정치적·구조적·자연적 근본원인과 상황을 묘사하기 위해 재앙의 이미지를 사용하지 말라.

▪사람들의 사회적·문화적·경제적·환경적 상황에 대한 배경정보를 충분히 공급해서 인간적 존엄성을 지켜줘라. 사람들이 자립적으로 하고 있는 일을 강조하라.

▪제3자의 해설보다는 관련 당사자의 이야기를 제공하라.

▪여성에 대하여 더 자주, 더 긍정적인 이미지를 제공하라.

▪어떤 형태가 되었든지 일반화, 전형화, 차별화를 피하라.

기존의 신문들은 정치적·구조적 문제들에 대해 적잖게 편향되어 있다. 위에서 재앙의 이미지라는 것은 지나친 과장을 의미한다. 지나치게 과장하고 모든 사실들을 극적으로 표현할 필요는 없다. 모든 자연적 원인이나 구조적 사실들이 원인과 결과의 극적인 인과관계로 이루어지지는 않는다.

또한 신문기사들은 다양한 사건으로 희생되거나 피해를 보는 또는 이익과 혜택을 보는 사람들에 대해 객관적인 보도를 지향하지만 객관적인 보도는 때로는 기계적이고 비인간적인 감정 없는 사실 나열로 이어진다. 교통사고를 보도하면서 기자들은 “운전미숙으로, 운전부주의로 교통사고가 일어났다”고 서술한다. 하지만 이러한 보도는 교통사고로 피해를 입거나 상처를 받은 사람들의 감정을 전혀 반영하지 못한다.

신문과 방송은 대중들에게 높은 신뢰성을 갖고 있지만, 실제 보도에서는 출처를 알 수 없는 내용이 심심치 않게 등장한다. 정통한 소식통, 검찰관계자, 정부당국, 어느 전문가로 표현되는 익명의 제보자들은 그 존재가 불분명하고 그 의견 역시 신뢰할 수 없다. 기자와 데스크가 얼마든지 자신들의 입맛에 맞게 내용을 수정하거나 통째로 가공할 수도 있기 때문이다.

여성들에 대해서는 남성에 비해 상대적으로 더 부정적으로 묘사되는 것이 전통적인 언론보도의 관행이었던 만큼 여성들에 대해서는 조금 더 긍정적인 이미지를 제공해줘야 균형 잡힌 보도를 할 수 있다.

마지막으로 신문과 TV에 나타나는 모든 사실은 어떤 경우에도 일반화될 수 있는 것이 아니다. 그것은 하나의 개별적인 사건일 뿐이며, 차별화시킬 수 있는 요소가 되지 못한다. 신문에 나온 범죄사실만을 놓고 특정지역에서 엽기적 범죄가 자주 일어난다는 지적을 하는 것은 부당한 일이다. 언론보도는 독자들의 시선과 사고를 편향되게 만들 수 있는 만큼, 사실 보도에 입각하기 위해 전력을 기울여야 한다.

그럼에도 불구하고 우리는 여전히 신문과 뉴스에 나오는 이야기들을 강하게 신뢰한다. 보도내용을 사실인 것처럼 받아들인다. 기사와 뉴스를 통해 시민들의 의식에 형성된 것은 사실이라기보다는 여론이다. 논리적으로 볼 때, 군중에 의한 오류를 저지르는 것이다. 하지만 그것을 파악하기에 대중매체의 영향력은 너무나 거대하다.

2. 보도의 사실성

뉴스는 사회를 그대로 비춰주는 거울인가? 『여론』이라는 저널리즘 고전을 지은 월터 리프만(Walter Lippmann)은 뉴스의 성격에 대해 가장 예리하게 짚어낸 언론인이자 언론 이론가이다. 월터 리프만은 뉴스란 "사회적 환경의 거울이 아니라 불거져 나온 한 보고서이다"라고 정의한다. 일반인들은 뉴스에 주목하고 관심을 가지는 반면 뉴스에 등장하지 않는 내용들에 대해서는 관심을 기울이지 않는다. 우리에게 익숙한 9시 뉴스라는 약 45분 분량의 방송이 하루에 있었던 내용들을 모두 반영할 수는 없다. 실제 뉴스는 사회를 요약하고 축약해서 보여주는 거울이 되지 못한다. 때로는 무미건조하게, 때로는 선정적으로 그날 있었던 일들을 보여줄 뿐이다.

뉴스는 땅에서 씨앗이 어떻게 발아하는지 말해주지 않지만, 그 대신 언제 새싹이 지표를 뚫고 나오는지 말해줄 수 있다. 뉴스는 심지어 지하의 씨앗에 무슨 일이 생기고 있는지 타인의 말을 빌려 말해줄 수 있다. 뉴스는 새싹이 기대된 시간에 나오지 않았음을 말해줄 수 있다. 어떤 일의 발생시점을 더 많이 고정해두거나, 객관화하거나, 측정하거나, 이름 짓거나 하면, 그만큼 뉴스가 발생할 시점이 많아진다. 이 대목은 뉴스가 긴 시간에 걸쳐 작성되는 것이 아니라 특정 시점을 기준으로 만들어지는 것임을 설명하고 있다(설원태, 2007).

아울러 신문 기사의 제작과 편성 과정에서 일어나는 많은 일들은 신문과 방송이라는 매체가 그리 객관적이거나 사실에 입각하지 않을 수 있음을 잘 보여준다. 편집자의 선택 문제를 다룬 게이트키핑(gatekeeping)에 대한 연구는 매체가 가지는 주관성을 잘 보여준다.

"미국의 언론학자 화이트(D. M. White)는 미국의 한 지방 조간신문의 40대 중반 편집부장의 활동을 분석하였다. 미스터 게이츠라는 가명의 이 편집부장은 1949년 2월 6일에서 13일까지 1주일 동안 산더미처럼 쏟아져 들어오는 AP, UP, INS 통신사 뉴스를 자신만의 기준을 통해 선택했는데, 조사결과 전체 통신기사의 9할 정도가 버려지고 1할 정도만 신문기사로 게재됐다. 화이트는 게이츠가 어떤 기준을 갖고 취사선택하는지 관찰했는데, 게이츠가 기사를 선택하거나 버리는 기준은 여러 가지였으나 가장 큰 비중을 차지하는 것은 게이츠 자신의 주관이었다"(설원태, 2007: 360-361).

게이츠의 사례를 보면 우리는 뉴스 전달이 매우 주관적이고, 게이트키퍼(gatekeeper) 역할을 하는 편집자들의 경험, 태도, 기대에 근거한 가치판단이 얼마나 뉴스의 보도에 의존하는지를 깨닫게 된다. 그리고 이런 가치판단에 영향을 끼치는 것은 동료 편집자, 경쟁 신문사의 기사, 지역 방송국의 보도, 독자들의 취향 등 다양하다.

일반적으로는 데스크에서 이뤄진다고 여기는 게이트키핑은 데스크 외에도 다양한 공간과 상황에서 이루어진다. 맥낼리는 국제 뉴스의 경우, '사건-해외 특파원-지국 편집장-국내 편집장-국내 편집자-수용자'의 순서로 이어지는 과정에서 각 생산 주체를 거칠 때마다 게이트키핑이 이뤄진다고 지적했다. 이는 뉴스 조직 내부의 위계질서에서 각 단계의 주체가 각자 게이트키핑에 나서기 때문이다(강내원 외, 2010).

위의 논의들은 뉴스가 외부 세계를 이해하는 방식을 설명한다. 뉴스의 대상인 '세계 그 자체'와 취재 기자가 주관적 인식을 통해 수집한 정보를 토대로 만든 '뉴스 속의 세계', 그리고 뉴스 조직의 통제에 의해 만들어진 '뉴스의 세계' 사이에는 적잖은 간극이 있다. 즉 우리가 뉴스를 보는 세계는 항상 다양한 주관과 왜곡이 개입될 여지를 갖고 있는 것이다.

3. 보도의 경직성

뉴스를 작성하는 것은 기자들의 몫이다. 따라서 기자들이 어떤 과정을 거쳐 뉴스를 작성하는지를 살펴보면 기자들이 쓴 기사의 객관성과 공정성, 신뢰성을 확인할 수 있게 된다. 일반인들의 통념과는 달리 기자들의 기사 작성과정은 엄밀한 현장취재, 철저한 교차검증, 확실한 전문가 진단과 같은 단계를 늘 거치는 것은 아니다. 기자들 역시 회사라는 조직체에 근무하고 있는 직장인들이고, 매일 작성해야 하는 기사의 분량은 정해져 있다. 자연스럽게 기자들은 자신들이 해야 하는 업무인 기사를 채우는 데 급급하기 마련이다. 마크 피시먼(Mark Fishman)의 연구는 기자들의 기사 작성과정을 잘 보여준다(설원태, 2007: 350-351).

첫째, 미국의 법원기자-한국의 경우 사회부 기자-는 형사법 체계 내에서 정보의 초점인 전략적 지점들만 정기적으로 방문한다. 기자들은 자신들이 직접 취재와 탐문을 수행하는 대신 검찰, 경찰, 법원의 브리핑에 관행적으로 의존했다. 기자들은 각 행정, 사법기관에서 일상적으로 정리해놓는 체포-수사 보고서, 검시관의 보고서, 교통사고 기록, 범죄 발생 게시판, 소식지, 법원재판 일정표, 법원 사건 기록철 등을 확인한다. 기자들을 위해 사건을 자세히 기재해놓았기 때문에 불필요하게 움직일 필요도 없고 사건 현장에 적극적으로 뛰어드는 것도 사실상 불가능하다.

둘째, 행정조직 내에는 기자들을 위해 다양한 정보들을 모아두고 기자들을 담당하는 관료들이 있다. 공보관, 공동체 관계 담당관, 미디어 접촉자 등 다양한 이름으로 불리는 사람들이다. 이런 명칭들은 홍보담당자를 지칭하는 다양한 이름이다. 이들은 뉴스가 될 만한 정보를 놓고 기자와 상의하며, 기자들이 필요로 하는 정보 제공자의 역할을 담당한다.

셋째, 기자의 순회일정에 포함된 또 하나의 정보 초점은 각종 '회의'이다. 각 출입처에는 정식으로 조직되고 미리 예정된 활동들이 일어나는 회의 장소가 있으며, 이들 회의는 짧은 기간 안에 다양한 정보원들을 모아두는 효과를 낸다. 기자들은 현장을 돌아다니는 대신 회의를 취재함으로써 짧은 시간에 많은 정보를 수집할 수 있게 된다. 이 과정을 통해 기자들은 빠른 시간에 많은 기사를 쓸 수 있게 되고 마감시간에 쫓기지 않게 된다.

이러한 상황에서 기자들은 더 이상 자신이 적극적으로 움직여서 보도하기보다는 정보가 몰리는 지점을 다니며 정보를 수집하고 그것을 토대로 기사를 쓰게 된다. 이런 과정을 거치게 되면 기자들은 더욱더 각 정부 부처와 공공기관 및 기업체에서 제공하는 보도 자료에 의존하게 되고 더 이상 발로 뛰어 움직이는 특종은 존재하지 않는다.

매일 채워야 하는 기사 할당량과 마감시간이라는 제한 아래에 처해 있는 기자들은 매일 신뢰할 만한 분량의 원료를 의존할 수 있을 정도로 생산하는 '정보의 샘(fountains of informations)'을 필요로 한다. 기자들은 자신의 의사와 상관없이 매일매일 정해진 분량의 기사를 써야 하는 사람들이며, 계속해서 분량을 채우지 못하면 결국에는 회사에서 퇴출되기 마련이다. 따라서 기자들은 자신들에게 충분한 기사거리를 제공하는 취재원 및 취재구역을 필요로 하는데 경찰, 검찰과 같은 정부 부처들은 충분한 기사거리를 제공해주는 것이다.

이처럼 신문사와 방송국이라는 회사 내에서 기자들이 놓인 처지는 기자들의 기사가 하루 중 가장 중요하고도 정확한 사실을 다룬 내용이기보다는 자신들의 출입처에서 제공되거나 다루어진 내용에 대한 간단한 요약과 브리핑의 연장일 수 있음을 보여준다는 점에서 주목할 만하다. 신문기사의 내용을 사실로 간주하고 그것을 토대로 자신의 논리주장을 펴는 활동이 때로는 자신의 주장을 흔드는 결과로 돌아올 수도 있다.

4. 여론 호도

신문기사나 언론보도가 하루에 주어지는 현실을 충분히 반영하지 못하고, 편집자가 여러 가지 이유로 가십거리 위주의 편성을 할 가능성도 있다. 기자들이 부단한 노력 대신 자신들의 출입처 보도 자료에 의존하기도 한다. 하지만 이러한 점을 감안하더라도 우리는 여전히 기자들의 보도가 사실을 훼손하거나 사실 이해를 저해하지는 않을 것이라고 생각한다.

교육과 관련되어 끊이지 않고 등장하는 다양한 보도들에는 기자들의 의견과 논평이 등장하기 마련이지만, 그 의견과 논평 역시 사실보도를 전제하는 만큼 나름의 객관성은 유지하는 것으로 볼 수 있다. 하지만 아래 등장하는 다양한 사례들, 가장 객관적이라고 여겨지는 과학적 사실에 대한 보도 역시 적잖은 추측과 여론 호도가 이루어질 수 있음을 보여준다. 조지프 퓰리처(Joseph Pulitzer)가 발간하던 신문 중 하나인 「선데이 월드」의 한 고정 필자는 19세기 과학언론의 철학에 대해 이렇게 말한 적이 있다.

"만약 핼리 혜성에 대해 보도한다 치자. 그럼 먼저 혜성을 보여주는 삽화로 한 면의 절반을 채운다. 삽화에 예쁜 여자를 그려 넣을 수 있다면 더 좋다. 그게 어렵다면 화성인들이 지나가는 핼리 혜성을 바라보는 것 같은, 괜찮은 악몽 같은 아이디어를 집어넣는다. 이어 2단짜리 박스기사에서 아무도 이해하지 못할 과학적 견해를 담는다. 이는 단지 고급스러운 느낌을 주기 위해서이다"(Nelkin, 1995: 129).

핼리 혜성이라는 과학적 사실에 대한 보도는 일반인들이 보기에는 가장 객관적이고 공정한 보도일 것으로 예상된다. 그러나 실제로 핼리 혜성을 대하는 언론인들은 핼리 혜성을 정확하게 보도하는 대신 다양한 이미지와 전문가를 활용한 고급화 전략을 통해 자신들의 발행 부수를 높이는 데 치중할 뿐이다.

핼리 혜성에 대한 보도 사례는 오늘날에는 더 이상 맞아떨어지지 않을 수도 있지만 다른 과학적 사실에 대한 상반된 보도들은 신문과 방송을 통해 보도되는 많은 사실들이 실제 사실을 온전히 반영하는 것이 아님을 분명히 보여주게 된다. 동일한 과학적 사실에 대해서도 시대를 반영하는 이데올로기에 따라 서로 상반된 입장의 보도가 나타나는 것을 우리는 아래 사례에서 쉽게 확인할 수 있다.

1940년대 초에 언론은 당시 엽절제술(lobotomy)[5]이라고 불렀던 새로운 정신외과 수술법을 무비판적인 열정으로 환영했다. 당시 의료계

5) 이 문제를 다룬 영화로는 잭 니콜슨이 주연했던 '뻐꾸기 둥지 위로 날아간 새'가 있다.

는 이 수술에 대해 회의적인 태도를 유지하고 있었다. 그러나 언론은 이 의심스러운 수술법을 정신질환에 대한 기적의 치유법으로 내세웠던 엽절제술의 개발자 월터 프리먼의 홍보를 그대로 답습하였다. 기자들은 그의 말을 인용해, 엽절제술은 '이빨 뽑는 것보다 나쁠 것이 없으며' '외과 의사의 메스가 신경 피해자에게 제정신을 찾아준다'라고 보도했다.

그러나 엽절제술에 대해 호의적이던 1940년대와는 달리 1970년대 이후 다시 시행되는 엽절제술에 대한 의견은 사뭇 달랐다. 1973년과 1974년에 이 주제에 관해 「뉴욕타임스」에 실린 21건의 기사들 중, 12건은 '불구화' 같은 단어를 사용하면서 인권 문제를 강조하는 부정적 태도를 보였다. 7건은 사실 전달에 치중하면서, 규제의 필요성이나 자발적 동의라는 윤리적 문제에 초점을 맞추었다. 2건은 이 수술법에 대한 찬반양론을 견주어 보았고, 이전에 제시되었던 밝은 전망을 되풀이한 기사는 한 건도 없었다(Harcup, 2009: 74).

이러한 변화들은 엽절제술, 또는 과학기술 자체의 성격이 변했기 때문이 아니다. 언론은 1940년대에는 과학기술에 대한 신뢰와 자신감을 바탕으로 엽절제술에 대한 호의적이고 희망적인 보도를 내놓았다. 반면 흑인민권운동과 인권운동의 시기를 맞게 된 1970년대 이후의 보도에서는 30년 전과는 달리 엽절제술에 대한 우려와 비판의 목소리를 높이고 있었다. 같은 사실에 대한 보도를 다루고 있음에도 불구하고, 두 보도의 격차는 놀라울 정도이다.

지금까지의 내용을 정리해볼 때, 우리는 신문과 방송이라는 언론의 보도를 무비판적으로 수용하고 그것을 우리 주장의 근거로 활용하는 데 매우 신중을 기해야 함을 확인하게 된다. 가장 객관적이고 사실적인 내용을 보도할 것으로 보이는 과학보도에서도 여전히 적잖은 주관성이 개입되고 있다.

교육을 주제로 하는 보도 역시 기자, 데스크, 신문사, 독자, 그리고 당시 사회 분위기 등 다양한 요인들에 따라 얼마든지 주관성과 현실에 대한 해석이 들어갈 수밖에 없다. 이러한 점을 간과한 상태에서 무분별하게 정보를 수용하기만 하는 것은 전문가다운 자세라고 할 수 없다. 전문가는 정보를 활용하는 능력도 중요하지만, 그 정보를 취사선택하고 걸러낼 수 있는 능력도 갖춰야 하기 때문이다.

참고자료 9 인터넷 매체 보도의 한계 사례

할머니와 여중생, 그리고 정보의 순도(純度)

2010년 10월. 한국사회에 인터넷을 통해 한바탕 난리를 친 사건이 있다. 동영상을 통해 알려진 내용은 이랬다. 지하철에서 다리를 꼬고 앉아 있는 소녀에게 한 할머니가 '흙이 묻으니 다리 좀 치워달라'라고 말한다. 그러자 소녀는 심드렁한 표정으로 '나한테 뭘 원하는데 네가?'라고 반말을 했고, 할머니는 '뭐? 니가, 그래 나는 34년생이다'라며 폭발했다. 그 할머니는 급기야 '이렇게 덤빌 줄은 몰랐다'라며 소녀의 머리채를 붙잡고 이리저리 흔들면서 몸싸움을 벌였다. 한바탕 싸움이 끝난 뒤 소녀는 '아빠, 나 한국이 너무 싫어'라고 울부짖었고, 현장에 있던 시민들은 '애가 잘못했어도 할머니가 좀 참지 그랬느냐. 공공장소에서 이게 뭐하는 짓이냐'며 두 사람을 비난했다.

동영상을 본 사람들의 반응은 여중생을 나무라는 게 대부분이었다. 할머니도 화를 다스리지 못하고 어른으로서 체통을 보이지 못했지만 말이다. 연세 지극하신 할머니가 다리 좀 치우라고 하니까 그런 식으로 막말을 했다면 여중생은 '패륜녀'라는 소리를 들어도 할 말이 없을 것이다. 실제로 이 여중생은 인터넷에서 비난의 십자포화를 맞아야 했다.

그런데 '경솔한 여중생의 예의 없는 언행과 할머니의 어른답지 못한 훈계'로 제법 단순하게 종결되는 듯 하던 이 사건은 엉뚱한 방향으로 전개

되기 시작했다. 사건 반전의 계기는 바로 여중생과 할머니의 싸움이 일어나기 전 상황이 추가로 더 알려지면서부터였다.

새로 알려진 상황은 이랬다. 처음에 할머니가 '흙이 묻으니 다리 좀 치워달라'라고 했을 때 그 소녀는 '죄송합니다'라고 말했다는 것, 그런데도 할머니가 계속 욕을 속사포로 쏘아붙이자, 이번에도 거듭 '죄송합니다'라고 했단다. 학생의 사과에도 아랑곳하지 않고 할머니의 욕이 그칠 줄 모르자, 소녀도 '나한테 뭘 원하는데 니가'라는 반말이 튀어 나왔다는 것이다. 또 추가적으로 할머니의 가려졌던 정체성이 폭로됐는데, 그 할머니가 지하철 2호선의 '파이터 할머니'로 꽤 알려진 괴팍한 성격의 소유자라는 사실이었다. 그 여학생이 외국에서 살다가 와 한국말이 서툴다는 점도 알려졌다. 그러자 이번에는 할머니에게 융단폭격이 가해졌다. '나이 먹은 것을 벼슬로 아냐'라는 막말에서부터 '어르신이 점잖지 못하다 싶었는데 다 이유가 있었다'라는 식의 비아냥도 흘러 나왔다. (중략)

흔히 사건의 실체를 보여주는 데 동영상만한 것이 없다고 생각되지만, 동영상이 사건의 전후 맥락을 모두 비추지 못한다면 한계가 명백할 수밖에 없다. 이 사건을 보여주는 동영상은 시비가 붙기 일보 직전의 상황부터 시작됐기 때문에 이전에 할머니가 학생에게 가했던 과도한 언어폭력이 가려졌다. 결국 이 사건은 당시 현장에 있던 다른 사람들이 인터넷에 올린 전후 사정이 대중에게 알려지면서 실체가 드러난 셈이다(이상훈, 2011: 222－227).

토의 및 논쟁

1. 토론을 할 때, 논리의 근거로 제시하는 지식 가운데 신문이나 방송, 인터넷 같은 대중매체에서 얻는 것이 있다. 그런데 대중매체의 보도 속성상 논리적 근거로 활용하기 힘든 내용들이 많다. 대중매체를 제외하고, 토론의 논거로 사용할 수 있는 자료들은 어떤 것이 있는지 조사해 보자.

2. 대중매체를 통해 얻은 정보가 있다고 가정하자. 그 정보는 어느 정도 신뢰할 수 있는지 토의해 보자.

3. 동일한 내용을 보도한 여러 신문의 기사를 비교해 보자. 기사 내용에 차이가 있다면, 그러한 차이를 보이는 이유가 무엇인지 토의해 보자(기사 내용에 차이가 없다면, 차이가 없는 이유가 무엇인지 토론해 보자).

4. 어떤 사실에 대해 낭시의 이데올로기나 유행에 편승하여 보도하는 관행을 '여론호도'라고 한다. 여론이 호도된 기사를 보고, 사실과 허위를 판별하기 위해 어떤 방법이 요구되는지 토의해 보자.

논술탐구

논술을 하기 위해서는 '논리적 사고'와 '논리적 근거', '명확한 진술과 주장'이 필요하다. 〈 토의와 논쟁 〉에서 활동한 내용을 바탕으로, 하나의 주제를 선택하여 자율적으로 논술을 탐구해 보자.

제9장

적절한 근거 제시와 비판 2

- 프레임 이론 -

프레임(frame)으로부터(from) 헤어나기란 매우 어렵다.

"코끼리를 생각하지 마"라고 얘기하면 할수록 사람들은 코끼리를 생각하게 되고 "M시는 깡패도시가 아니다"라고 설득하면 할수록 사람들은 무의식적으로 "M시가 깡패도시이기 때문에 저런 말을 하는 것이 아닐까?"라는 의구심을 갖게 된다. 사람이라면 누구나 갖고 있는 무의식이 발전해서 나타난 프레임이 사람들의 사고와 행위를 지배할 수 있다면, 그 프레임을 깨트리고 새로운 프레임을 다른 사람들에게 제공하고 주입하려는 노력이 중요해진다. 조지 레이코프를 비롯한 많은 인지언어학자들은 프레임의 중요성을 깨닫고 새로운 프레임으로 새로운 설득의 메커니즘을 만들려고 노력해왔다. 다른 사람의 프레임에 빠지지 않고 새로운 프레임을 확립하는 것이 상대방과의 대화 속에서 설득당하지 않는 방식인 셈이다.

1. 사고를 지배하는 틀

프레임이란 우리가 세상을 바라보는 방식을 형성하는 정신적 구조물을 뜻한다. 원래 이 단어는 '익숙하다(be useful)'는 의미의 고대 영어 단어 프라미안(framian)을 어원으로 하는 단어로 '~부터'를 가리키는 전치사 프롬(from)과도 같은 어원이다. 즉 어원상으로 보더라도 내가 갖고 있고 내가 익숙하게 느끼는 내 생각이 기원하는 것이 바로 프레임인 것이다.

이러한 프레임은 행동하는 방식과 우리 행동의 좋고 나쁨을 결정한다. 동시에 다른 사람들의 행동에 대한 자연스러운 평가 기준이 되기도 한다. 사람들은 나에게 익숙하고 친숙한 것들에 대해서는 선호하고 내게 익숙하지 않은 것들에 대해서는 싫어하는 경향을 강하게 보이기 때문이다. 징치에서 프레임은 어떤 사회정책과 정책을 수행하고자 수립하는 제도를 형성하는 데 강한 영향력을 끼치게 된다.

결론적으로 프레임은 겉으로 드러나지는 않지만, 우리의 일상을 무의식적으로 지배하는 강력한 사고의 틀을 가리킨다. 프레임이 없는 상태를 저인지(底認知)라고 하는데 말 그대로 저인지란 대뇌에서 어떤 대상을 이해하는 데 시간이 걸린다는 의미이다. 저인지 상태에서는 한두 단어로 불러올 수 있는 프레임이 없기 때문에 설명하는 데 오랜 시간이 걸리고 제대로 된 이해와 설득을 이끌어내기가 매우 어려워진다.

머릿속에 있는 모든 것들이 그렇듯 프레임은 겉으로 드러나지 않는다. 프레임은 인지과학자들이 '인지적 무의식(cognitive unconscious)'이라고 부르는 것의 일부이다(Ungerer & Schmid, 2006). '인지적 무의식'이란 우리 두뇌 안에 있는 구조물이다. 이는 의식적인 형태로 접근할 수는 없지만 그 결과물—우리가 사고를 풀어나가는 방식이나, 상식이라고 여기는 것—을 통해 그 존재를 알 수 있다. 또 우리는 언어를 통해서도 프레임을 추론할 수 있다. 모든 단어는 개념적 프레임에 맞추어 정의된다. 우리가 어떤 단어를 들었을 때, 우리 두뇌에서는 그 단어와 결부된 프레임이 작동하기 마련이라고 레이코프는 주장한다. 그런 차원에서 볼 때, 일단 한번 프레임이 결정되면 그 프레임을 바꾸는 것은 매우 어려운 일이다.

간단하게 얘기하면, 프레임은 어떤 단어와 개념이 주는 이미지다. 이러한 이미지는 일단 한번 형성되면 쉽게 변하지 않는다. 코끼리라는 얘기를 들으면 아무리 잊어버리려고 해도 코끼리를 생각하게 된다. 단어가 주는 이미지가 실제 그 단어의 쓰임이나 저자의 속내와는 전혀 일치하지 않더라도 사람들은 무의식적으로 단어가 주는 이미지에 속아 넘어가기 마련이라는 것이다. 미국 전 대통령 리처드 닉슨은 워터게이트 사건이 터지고 한창 사임 압력을 받던 당시 TV연설을 통해 "저는 사기꾼이 아닙니다"라고 주장했다. 그러나 그 순간 사람들은, 어떤 특정한 논리적 근거가 있진 않지만 무의식적으로, 닉슨을 워터게이트 사건과 관련 있는 사기꾼으로 생각하게 되었다(Lakoff, 2004: 17－24).

이러한 차원에서, 프레임 싸움에서 승리하는 것, 달리 말하면 단어를 통한 기존 프레임의 보강 또는 새로운 프레임의 구축은 상대방이 내 주장에 동의하도록 만드는 과정에서 매우 중요한 역할을 수행하게 된다. 이러한 프레임 이론은 상대방의 주장을 논파하고, 내 주장을 확장하는 과정에서 또 하나의 성과를 얻게 된다. 바로 논리적인 과정을 통해 상대방의 주장을 논파하는 것과는 별개로, 감정적이고 무의식적으로 내 주장에 동의하지 않고 비난하는 사람들을 설득하고 그들을 내 편으로 만들기 위한 새로운 전략 수립을 가능하게 하는 것이다. 논리적인 방식으로 상대를 논파하는 방법은 그 자체로는 의미가 있다. 하지만 논리적인 반박은 다른 사람들을 내 편으로 설득하는 데는 한계가 있다. 왜냐하면 대부분의 사람들은 주장에 대한 비판을 그 사람에 대한 비판으로 치환하게 되고, 결국 감정적으로 대응하게 되면서 논리적으로는 승리했지만, 결국 그 사람이 자신의 주장을 꺾지는 않고 억지주장을 고수하게 되기 때문이다.

2. 긍정적 이미지 포장

긍정적인 언어는 긍정적인 이미지를 가져온다. 긍정적인 단어는 기분 좋은 상상을 하게 만든다. 따라서 그 내용이 어떻든지 간에 긍정적인 개념으로 포장되어 있다면 사람들은 그것에 대해서는 긍정적이고 호의적인 태도를 취하게 된나. 그런 차원에서 프레임 이론은 상당히 정치적인 이론이다. 주로 정치가들이 자신들의 주장을 정당화하는 차원에서 다양한 언어를 통해 대중들의 동의를 이끌어내려고 시도하는 과정에서 프레임을 만들고 사용하기 때문이다.

그러나 실제 단어가 갖고 있는 이미지와 그 내용 사이에는 상당한 차이가 있기 마련이고, 이러한 것은 대중들이 착각을 일으키게 만드는 요인이 된다. 레이코프는 몇 가지 사례를 들며 정치인들이 사용하는 개념과 개념을 통해 형성되는 프레임은 사실 적잖은 오해를 불러일으키는 것들이 적지 않다고 주장한다.

구원(relief)이라는 단어의 프레임을 생각해 보자(Lakoff, 2004: 25). 구원이 있는 곳에는 고통이 있고, 고통 받는 자가 있고, 그 고통을 없애 주는 영웅과 같은 구원자가 있다. 구원자를 비판하는 사람들이 있다면, 그 사람은 당연히 우리에게 고통을 주는 악당일 것이다. 세금이라는 단어에 구원을 붙인다면, 시민들은 자신들이 내는 세금에 대한 부담을 구원해주는 것으로 자연스럽게 인식할 것이다. 모든 시민들은 세금을 감면받고 싶어 한다. 세금은 고통이다. 세금을 깎아주겠다는 사람과 그 사람의 정책에 대해 자연스럽게 호감을 갖게 된다. 시민들의 어려움을 없애주는 사람은 영웅이고, 영웅의 행위를 반대하는, 세금 구원을 반대하는, 다른 정당과 정치인들은 악당이 된다. 이 프레임은 '고통'과 '영웅' 등의 개념으로 이루어지며, 자연스럽게 사람들에게 은유로 이어진다. 그로 인해 그들은 보수주의자들의 프레임을 받아들였던 것이다. 보수주의자들은 우리를 자기들의 세계관으로 끌고 가는 '말'이라는 덫을 놓은 것이다. 이것이 바로 프레임이다. 프레임을 구성하는 것은 자신의 세계관에 부합하는 언어를 취합하는 것이다. 이것은 단순한 언어가 아니다. 본질은 그 안에 있는 생각이다. 언어는 그러한 생각을 실어 나르고 불러일으키는 역할을 하는 좋은 수단이 된다.

건강한, 깨끗한, 안전한 같은 단어는 사람들에게 신뢰를 불러일으킨다. 그리고 이러한 단어들은 일반 시민들도 선호하지만 공해와 환경에 관심이 많은 시민들 및 환경운동가들도 중요하게 생각하는 개념이다. 환경운동가들이 지향하는 가치와 맞아 떨어지기 때문이다. 그리고 이러한 단어는 바로 환경이 그들에게 의미하는 바를 설명하는 프레임에 부합하는 단어이기 때문이다(Lakoff, 2004: 58). 따라서 보수주의자들은 친환경적 발전과는 거리가 먼 화력발전소나 원자력발전소에 대해서 주장할 때도 '건강한, 깨끗한, 안전한'의 개념을 사용하거나 '청정에너지 원자력' 등의 수식어를 통해 환경운동가들이 갖고 있는 프레임을 깨트린다. 기존의 대기청정 법안에서 대기오염의 정도를 완화하기 위해 사용하는 법안을 만들면서 깨끗한 하늘 법안(Clear Skies Initiative)이라고 이름 짓게 되면, 사람들은 이 법안의 본질에 대해서는 주의 깊게 생각하지 않게 된다.

여성들은 ‘사랑’, ‘진심’, ‘아이들’ 같은 어구를 선호하므로 여성 청중들에게 이러한 어구들을 최대한 자주 사용해야 한다고 주장한다. 그런 차원에서 미국 대통령이었던 부시의 연설문에는 ‘사랑’, ‘진심으로’, ‘우리 아이들을 위해’라는 말이 자주 등장한다. 하지만 부시 대통령과 공화당 행정부가 가족에 대한 가치를 강조하는 것과 공화당의 보건, 복지, 교육 정책과는 어울리지 않는다는 지적이 적지 않다. 낙오방지법(NCLB: No Child Left Behind)이라고 불리는 교육 법안은 ‘국가가 어떠한 경우에도 당신의 자녀를 포기하지 않겠다’는 정부의 강한 의지를 드러내는 것으로 보이지만, 실제로는 교육 분야에서 학부모와 학생의 선택권을 강화함으로써 모든 사람에게 혜택을 제공하는 공교육 분야 전반에는 오히려 손해로 연결되는 경향이 있다.

언어가 결여된 것은 실제로는 개념이 결여된 것이고, 개념은 프레임이라는 형태로 우리 머릿속에 각인된다. 세금 구원이라고 하는 단어를 사용함으로써 보수주의자들은 시민들에게 자신의 주장을 납득시킬 수 있다. 진보주의자들은 자신의 생각을 설명하기 위해 장황한 설명을 해야 하지만, 그럼에도 세금을 내는 것이 고통이라고 생각하는 시민들을 설득하는 것은 매우 어려운 일이다. 진보주의자들에게는 세금에 대해 시민들에게 납득시킬 수 있는 확립된 프레임이 없기 때문이다(Lakoff, 2004: 60). 이런 식으로 언어를 사용하는 것은 일종의 과학이며, 지속적인 훈련을 통해 프레임을 제공하거나 프레임을 극복할 수 있는 훈련이 필요하다. 프레임 이론은 전통적인 논리적 입장과는 다르지만, 사람들을 설득하게 만드는 강력한 영향력을 발휘한다는 점에서 주의해야 한다.

3. 엄격한 아버지 모형

시민들의 머릿속에 자리 잡고 있는 프레임에는 여러 종류가 있다. 그 중에서도 복잡하지만 대중들에게 익숙한 프레임으로 '엄격한 아버지 모형'이 있다. 프레임은 단순히 어떤 비유만을 뜻하는 것이 아니라 하나의 특정한 개념들을 묶어서 일관된 사유 체계로 만들기도 한다. 그런 차원에서 엄격한 아버지 모형은 사회 전반에서 일어나는 다양한 흐름들을 일관되게 설명하는 데 도움을 준다. 엄격한 아버지 모형의 기본적인 전제는 아래와 같다.

"세상은 본래 험한 곳이고, 앞으로도 험할 것이다. 왜냐하면 바깥세상에는 악이 존재하기 때문이다. 또 세상은 경쟁이 치열하기 때문에 살아가기가 힘들다. 어디에나 승자가 있고 패자가 있으며, 절대선이 있고, 절대악이 있다. 어린이들은－옳은 일을 하기보다는 자기 마음에 드는 일을 더 하고 싶어 한다는 의미에서－나쁜 본성을 갖고 태어난다. 따라서 우리는 자녀들을 선한 사람으로 빚어내야 한다. 이런 세상에서 살아남으려면 강하고 엄격한 아버지가 필요하다. 아버지는 다음과 같은 일을 할 수 있어야 한다"(Lakoff, 2011: 30－31).

엄격하게 볼 때, 이러한 프레임은 일종의 편견에 불과하다. 세상이 험하고 약육강식의 세계라는 지적은 어디까지나 사회진화론의 영향을 받은 것이고, 사회진화론이 명확한 과학적 근거를 가진 것은 아니다. 세상에 경쟁이 있고 승자와 패자로 구분될 수는 있지만, 그렇다고 해서 승자가 모든 이익을 챙기고, 패자는 사파리에서처럼 죽음을 기다려야 한다는 주장은, 인간세계를 동물들의 세계와 동일시하는 오류를 저지르고 있는 것이다.

어린이들은 자기 마음에 드는 일을 더 할 수 있다. 그러나 다양한 인지 및 도덕성 발달 이론들은 어린이들이 나름대로의 방식으로 옳고 그름을 구분하며, 충분한 교육을 통해 얼마든지 자신이 가진 본성을 잘 다스릴 수 있다고 한다. 그리고 충분한 교육은 반드시 강하고 엄격한 아버지의 훈육을 통해서만 이루어지는 것은 아니다. 게다가 호랑이나 사자가 새끼들을 강하게 키우듯이, 아이들을 강하게만 키워야 하는 것은 아니다. 인간세계에서 통용되는 원칙과 준칙에 따라서 아이를 키우지 않는다면, 부모는 자식의 친권을 박탈당할 것이다.

엄격한 아버지 모형은 가족과 자식들의 부양을 위해 아래와 같은 준칙과 원칙으로 가족을 대우해야 한다고 주장한다. 그리고 이러한 원칙은 국가라고 하는 하나의 가정에서 아버지 역할을 수행하는 지도자들이 시민들을 다루는 방식으로 그대로 연결된다. 실제로 정상적인 부모라면 자식들에 대한 무한한 애정을 가지게 마련이고, 자식들을 포기하는 경우는 거의 없겠지만, 엄격한 아버지 모형의 아버지는 우리 주변에서 볼 수 있는 아버지와는 다르다.

- 험한 세상으로부터 가족을 보호한다.
- 살기 힘든 세상에서 가족을 부양한다.
- 자녀들을 그릇된 길에서 바르게 인도해야 한다.

자녀들은 아버지에게 적극적으로 순종해야 하며 자식들을 위한 어른들의 행위는 자식들의 올바른 성장과 발달을 지향하기 때문에 어떤 경우에도 정당화되어야 한다. 엄격한 아버지들은 자식들의 착한 본성에 대해 의심하며 아이들을 올바른 방향으로 나아가도록 때로는 체벌과 같은 강력한 방법으로 아이들을 다스려야 한다고 주장한다. 몇몇 보수적인 교육자들은 아이들에 대한 엄격한 체벌과 훈육을 강조하는데 그 경우가 이에 해당한다.

이러한 엄격한 아버지 모형 속에는 아버지가 지향하는 교육받은 인간의 모형도 들어있다. 교육받은 모형에 대해 레이코프는 다음과 같이 주장한다.

"선한 사람－도덕적인 사람－이란 규율을 잘 따르며 순종적이고 무엇이 옳은지 잘 배워서, 옳은 일을 하고 그른 일을 하지 않으며, 자기 이익을 추구하여 부와 자립을 이룩하는 사람이다. 선한 아이는 자라서 선한 사람이 된다. 나쁜 아이는 규율을 배우지 못하며 도덕적으로 행동하지 못하고 옳지 못한 일을 저지르며, 따라서 부유해질 수 있다. 그리고 자기 자신을 돌보지 못해 의존적이다. 아이가 자라서 어른이 되면 규율을 갖추어 부유해지든지 그렇지 못하든지 둘 중에 하나가 될 것이다. 이때부터 엄격한 아버지는 그들의 삶에 개입하지 않는다. 이는 정치적으로 보면 정부가 개입하지 않는 것처럼 보인다"(Lakoff, 2011: 33).

이러한 주장의 이면에는 규칙을 잘 지키면 부유해지고 규칙을 잘 지키지 않으면 가난하게 살 것이라는 주장이 담겨 있다. 그러나 이러한 주장 이후에 등장하는 "부유한 사람은 규칙을 잘 지킨 것이고 가난한 사람은 규칙을 잘 지키지 않았기 때문이다"는 앞선 명제의 역은 성립하지 않는다. 게다가 규칙을 잘 지켰다는 것과 그 사람이 누리는 부와는 아무런 관련성이 없다. 그러나 이러한 논리적 모순은 프레임 이론에서는 그다지 중요하지 않다. 사람들에게 익숙한 프레임을 미리 선점함으로써 그 과정을 통해 자신들의 주장을 최대한 많은 사람이 동의하도록 만드는 것이 이들의 목표인 셈이다.

엄격한 아버지 모델은 세상은 앞으로도 영원히 위험하고 살기 힘들 것이며, 아이들은 원래 나쁜 본성을 가지고 태어나기 때문에 선하게 다듬어져야 한다고 가정한다. '엄격한 아버지'는 가족을 지원하고 방어하는 도덕적 권위자로서, 어머니에게 무슨 일을 할지 지시하고 자녀들을 그릇된 길에서 바르게 인도한다. 그러한 지도는 고통스러운 체벌을 통해서만 가능하다. 어른들이 가하는 신체적 훈육을 통해 내면적 규율이 발달하는 것이다. 또한 이러한 훈육은 도덕성과 생활력을 함께 증진한다. 도덕적 관념을 따르는 규율과 자기 이익을 좇아 경제적으로 자립할 수 있게 해주는 규율은 동일한 것이다. 선한 사람이란 규율로 잘 훈육된 사람을 말한다. 일단 장성해서 자립하게 되면, 잘 훈육된 자녀는 자기 힘으로 삶을 꾸리며 아버지는 더 이상 자식의 삶에 개입하지 않는다. 의존적인-버릇없고 제멋대로이며 말을 듣지 않는-자녀들에게는 더욱 엄격한 훈육이 필요하며, 바깥세상에서 단련될 수 있도록 어떠한 지원도 단호히 끊어야 한다(Lakoff, 2004: 88).

물론 이러한 주장에 동의하느냐 그렇지 않느냐는 독자들의 개인적 판단에 달린 것이다. 그러나 어떤 주장이 되든지 간에 인간은 다른 사람들이 자신의 의견과 주장을 공감해주고 동의해주기를 원한다는 것이다. 이런 차원에서 논리학이라는 철학의 방법은 자신이 지향하는 가치를 정당화하기 위한 수단이며, 이 가치는 충분한 교육철학적 성찰을 통해 자신의 교육관을 만든 사람들이 갖고 있는 산물이다.

사람들의 프레임은 쉽게 공략하기 어렵고 잘 깨지지 않는다. 그러한 프레임을 깨트리고 새로운 프레임을 각인시키기 위해서는 부단한 노력이 요구된다. 프레임 논쟁에서 승리를 거두기 위해 필요한 몇 가지 자세를 제시하자면 아래와 같다.

- 정당한 분노를 알되 통제된 방식으로 표현해야 한다.
- 침착하면서 유머감각을 발휘하되 소신을 지켜야 한다.
- 항상 공세적 태도와 일정한 어조를 유지하라
- 몸짓과 목소리는 긍정적 자세를 가져야 한다.
- 상대를 존중하고 프레임을 재구성함으로써 대응하라.
- 가치의 차원에서 사고하고 발언하며 자신이 믿는 바를 말하라.

토의 및 논쟁

1. 한국의 교육지도자 중 어떤 사람은 “한국의 공교육이 비정상적이다”라고 주장한다. 그리고 ‘공교육의 정상화’를 아젠다처럼 제시한다. 여기에서 말하는 ‘공교육 정상화’라는 주장에 담긴 프레임을 분석해 보자.

2. ‘낙오방지법’은 미국에서 학생들의 학력저하를 방지하기 위해 만든 법안이다. 그런데 실제로 낙오하는 학생들을 방지하는 데 큰 효과를 보지 못했다고 한다. 이런 점에 비추어 보아, 현재 한국에서 제안되는 다양한 교육정책 가운데, 원래 의도했던 정책 목표를 달성하지 못한 사례를 찾아보고, 그 이유가 무엇인지 논의해 보자.

3. '엄격한 아버지 모형'의 프레임을 적용한 교육관의 사례를 찾아보고, 이 교육관이 지닌 장단점을 논의해 보자.

4. 현재 한국교육 정책은 어떤 프레임으로 설명할 수 있는지 논의해 보자.

논술탐구

논술을 하기 위해서는 '논리적 사고'와 '논리적 근거', '명확한 진술과 주장'이 필요하다. 〈토의와 논쟁〉에서 활동한 내용을 바탕으로, 하나의 주제를 선택하여 자율적으로 논술을 탐구해 보자.

제10장

적절한 근거 제시와 비판 3

- 과학기술 -

과학기술의 혜택을 강하게 받고 있는 우리는 과학기술과 과학자들에 대한 적잖은 신뢰를 갖고 있다. 과학자 집단은 진리 탐구에 매진하는 사람들이고 과학기술은 우리의 삶을 풍요롭게 할 것이며, 때때로 발생하는 과학기술의 병폐들은 새로운 기술의 진보와 함께 극복되리라는 것이 우리의 일반적인 통념이다. 그러나 과학기술에 대한 이러한 대중들의 시각은 실제 과학기술의 속성과는 매우 다르다. 과학기술에 대한 신뢰와 기술적 합리성에 대한 믿음은 현대인들의 사유에서 중요한 부분을 차지한다는 점에서 이러한 주장에 주목할 필요가 있다.

1. 과학기술에 대한 통념

우리는 현재 수많은 과학기술의 혜택을 누리고 있고 과거에는 상상할 수 없는 풍요로운 삶을 살고 있다. 그러나 과학기술의 발전과 함께 우리는 수많은 정치적 · 경제적 · 법적 · 윤리적 문제들과 맞닥뜨리게 되었다. 환경파괴, 생명공학의 위험, 방사능, 정보격차 등 다양한 문제들은, 몇 가지 사례에 불과하지만, 과학기술이 갖고 있는 부정적인 측면을 보여주는 것이자 과학기술이 적절하게 통제되어야 하는 것임을 보여주는 사례이다.

과학기술에 대해 일반인들이 갖고 있는 여러 가지 잘못된 통념들은 과학기술의 사회적 통제를 가로막고 궁극적으로는 과학기술의 발전에도 악영향을 끼치며 대중들의 삶에도 부정적으로 작용한다는 점에서 중요하게 다루어져야 하는 대목이다(김명진, 2002: 15). 특히 교육학계에서 널리 통용되는 통념들은 아래와 같다.

- 과학은 과학적이다.
- 과학지식은 자연세계를 마치 거울처럼 반영한다.
- 과학자 사회는 합리적인 원칙에 의거해서 운영된다.

위에서 제시된 통념들은 우리가 과학에 대해 간주하는 가장 일반적인 사고방식이다. 때로는 너무나 익숙해서 이러한 주장이 무엇이 문제인가라는 의문도 들게 된다. 하지만 대중들이 갖고 있는 이러한 사고방식은 과학기술에 대해 지나친 객관성과 신뢰성을 부여하고 과학기술을 사회적 구성물이 아닌 절대적 진리인 것처럼 착각하게 하는 오류를 저지르게 만든다.

오늘날 우리가 '과학' 혹은 '과학적'이라는 말을 붙이지만, 사실 과학의 범위가 어디까지인지는 불분명하다. '과학'이라는 단어는 라틴어 스키엔티아(scientia)를 어원으로 한다. 원래 이 단어는 어떤 대상에 대해 아는 것, 아는 상태를 가리키는 것으로 오늘날 우리가 인식하는 자연과학적 대상에 대한 탐구를 가리키는 단어는 아니었다. 실제로 과학이라는 명칭을 붙이지만 거기에는 이론물리학에서부터 사회생물학에 이르기까지 유사성을 거의 찾기 어려운 다양한 학문들이 존재한다. 수학의 경우, 과학에 속하는지 속하지 않는지는 늘 논쟁의 대상이 된다.

과학에 대한 이미지는, 17세기 이후 탄생한 자연과학자들의 성과를, 18세기 계몽주의자들이 객관적이고 엄정하며 사회적 편견으로 오염되지 않은 것으로 간주한 데서 비롯되었다. 이는 미신과 무지, 독단에 빠진 당시 사회를 과학적 성공 모형에 따라 개조할 수 있을 것이라고 믿었던 일종의 근거 없는 편견일 뿐이다. 실제 그들이 갖고 있었던 편견은 과학기술이 급속도로 발전한 현재에도, 그들이 지향하던 합리적 이상사회는 전혀 이루어지지 않았다는 점에서 오류를 범하고 있는 셈이다. 따라서 우리가 갖고 있는 과학에 대한 '과학적'인 이미지 역시 계몽 사상가들의 이데올로기가 들어 있는 것이지, 과학 그 자체가 과학적이기 때문은 아니다(김명진, 2002: 16－17).

또 하나 분명히 해야 할 것은 과학적 지식이 자연세계를 거울처럼 반영한다는 우리의 인식이 잘못된 것이라는 점이다. 과학적 활동이 자연세계 속에 숨겨져 있는 법칙을 '발견'해내는 사고방식이 우리에게는 널리 자리 잡고 있지만, 1960년대 이후 과학철학은 과학이 자연세계를 재구성하여 바라보는 것이 실제 자연과학적 발달임을 보여준다. 아울러 1970년대 과학사회학자들은 과학적 지식이 자연세계에서 얻어지는 것이 아니라 사회적으로 구성되는 것이라고 주장한다. 즉 과학은 '이때', '이곳'이라는 시간과 공간의 한계상황을 가정하고 그 한계 속에서 자연세계를 바라보는 어떤 시각과 특정한 방법론을 나타내는 것이다.

〈표 10-1〉 과학적 지식에 대한 이해방식의 변화

과학철학 발달	개요
전통적 이해 방식	과학을 통해 자연세계를 명증하고 일목요연(clear)하게 보여준다. 가설의 수립과 검증의 방식으로 논의
1960년대 과학철학	과학자가 고안한 방식을 갖고 자연세계 안으로 들어가는 것 – 그 방법은 절차를 거쳐 진행되는 것이 아니다.
사회적 구성주의	– 과학은 논쟁을 해결하는 사회적 과정을 통해 진리로 규정됨

과학자 사회가 법조계, 의료계, 사회과학계 등과 달리 객관적이고 가치중립적이며 보다 덜 권위적인 지식인 사회라는 주장도 편견에 불과하다. 이러한 주장의 근거로 과학자들이 사회현상이나 인간들의 추악한 모습을 다루는 것이 아닌 '거짓말하지 않는 순수한 자연세계'를 분석 대상으로 삼기 때문이라는 지적이 일반적이다.

그러나 과학자 사회에도 권위와 위계는 분명히 존재한다. 그것들이 과학 활동의 창조성을 가로막는 요인이 될 수는 있지만, 그렇다고 해서 지금까지 거둔 과학적 성과들이 반권위적이고 민주적인 실험실 분위기의 산물은 아니다. 실제로 과학 실험실의 문화는 매우 위계적이고 권위적인 것을 보면 과학자 사회가 합리적이거나 민주적인 사회라고 보기는 어렵다. 동시에 과학자 사회가 객관적이고 가치중립적이라는 주장 역시 H 교수팀의 과학 사기(詐欺) 이후에는 더 이상 한국사회에서 용인되지 않는다. 과학자들 역시 더 많은 과학적 성과를 인정받고 더 많은 과학적 성과를 도출해내기 위해 경쟁이 붙었을 때 때로는 수단과 방법을 가리지 않음을 우리는 살 알고 있다. 이러한 사례들을 통해서 도출되는 결론은, 결국 과학자 집단 역시 권위나 위계에 의존하며 사회적 이해관계에도 얽혀 있다는 점에서 다른 사회집단과 근본적으로 다른 것은 아니라는 것이다(김명진, 2002: 21).

과학은 '과학적'이라는 이미지와 동일시될 수 없는 다양한 영역들의 집합이다. 과학지식은 자연세계를 거울처럼 반영하는 것이 아니다. 과학자들이 결코 특권적인 전문가 집단으로 간주되어서는 안 된다. 이러한 통념으로 볼 때, 정부에서 주장하는 많은 논의들, 특히 새로운 과학기술을 도입하는 과정에서 사용되는 것의 논리적 근거가 그리 타당하지 않거나 희박할 수도 있다. 기술은 우리의 삶을 풍요롭고 편리하게 만든다. 그리고 그러한 기술의 발달이 여러모로 우리 삶의 개선을 가져온 것 역시 사실이다. 그러나 기술이 어떤 상황에서도 지속적으로 '유의하다, 유용하다'는 결론을 내릴 수는 없다.

2. 과학기술과 삶의 변화

과학기술의 발전과 함께 우리가 갖고 있는 강력한 믿음 하나는 과학기술이 인간의 삶을 보다 개선하고 풍요롭게 만들 것이라는 주장이다. 과학기술은 여러 가지 부작용이 있을 수 있지만, 그럼에도 지금까지 인간의 삶에 큰 긍정적인 영향을 끼쳤으며 이러한 영향은 앞으로도 계속되리라는 것이 과학기술에 대한 대중들의 일반적인 시각이다. 특히 우리가 일상생활에서 사용하는 가전기술과 가전제품들은 여성들의 노동시간을 비약적으로 줄여준 것으로 보이고, 그런 차원에서 오늘날 여성들이 과학기술의 혜택을 가장 크게 받았을 것으로 우리는 인식하게 된다. 일부 여성주의자들은 가전기술로 대표되는 과학기술의 혜택을 본 여성들이 여권신장과 여성해방의 혜택을 보게 되었다고 주장한다. 즉 기술의 발전이 여성의 해방을 가져왔다는 주장이 지배적이었다. 그러나 이러한 주장은 가전기술의 발달 전후와 그 과정에서 일어났던 여성들의 활동들을 비교해보면 허점과 오류가 적지 않음을 확인하게 된다. 동시에 기술이 인간의 삶을 개선하는 경우가 그렇게 많지 않음을 확인하게 된다. 사회학자들은 기술 발전에 힘입은 노동의 기계화ㆍ자동화의 결과, 직장에서는 남녀 간의 성적 불평등이 줄어들고 가정에서는 여성들이 가사노동 부담으로부터 벗어나 더 많은 자유를 누릴 수 있을 것으로 생각했다. 이들은 종종 역사적으로도 이런 방향의 변화가 실제로 일어났다고 여겼고, 그 변화는 20세기를 통해 줄곧 계속되었다고 믿었다. 그러나 이러한 주장은 과연 타당한 것인가? 많은 과학기술학자들은 이러한 주장에 대해 반발한다 (Wacjman, 1991: 171).

오늘날과 같은 가정의 변화는 미국에서는 1920년대 이후 중산층 가정에서 급격하게 일어난 사건이다. 세탁기, 냉장고, 가스레인지, 진공청소기로 대표되는 가전기술은 전통적으로 가사노동에 시달리던 여성들에게 상당한 도움이 되었고 그들의 일상을 보다 여유롭게 만들었을 것으로 추정된다. 이에 대한 전통적인 해석은 가전기술의 발전으로 여성들의 노동 부담이 줄고 여성들이 가정에서 수행하던 역할들이 줄어들면서 점차 여성들은 '정체성의 위기'에 부딪치게 되었다. 이러한 상황에서 20세기 중반 이후 늘어난 이혼율, 여성들의 노동시장 참여, 1960년대 이후 여성해방운동이 발생하게 되었다는 것이 전통적인 해석이었다. 오늘날 우리 주변에서 쉽게 들을 수 있는 "요새 여자들 너무 편해. 할 일이 없어"라는 표현이 이러한 주장을 반영하는 것이다.

그러나 과학 사회학자들의 주장에 따르면 이는 현실을 반영하지 않은 추상적인 관념이었다. 실제 과거 노동의 양만 놓고 보면 여성들의 노동시간이 다소 줄어든 것처럼 보이지만, 가사노동에 대한 요구수준이 올라가면서 여성들의 가사노동 분담 비율은 그대로였다. 기술의 도움을 받아 이전보다 빠른 시간에 더 높은 수준의 가사노동 서비스가 가능해지면서 가정에서 요구되는 의식주 각 분야의 청결함과 화려함의 수준이 더 올라간 것이다. 또한 육아와 쇼핑에 예전보다 훨씬 더 많은 시간을 사용하게 되었고 아이들을 제대로 키우기 위해 영양학, 전염병학, 아동심리학 등을 공부하고 각종 쇼핑 가이드, 팸플릿, 여성지를 끊임없이 확인해야 했다. 가전기술을 이용함으로써 가정의 청결도와 소비수준이 향상되었을지는 모르지만, 가전기술이 여성들의 여가수준을 향상시킴으로써 여성들의 삶을 개선한 것은 아니었다. 청결도와 소비수준은 조금 향상되었을지 모르지만, 여성들의 노동과 업무량은 이전보다 훨씬 더 늘어난 것을 주목할 필요가 있다.

제1차 세계대전 이후에는 강력한 가족 이데올로기가 유럽 사회 전역을 지배하게 되었다. 이 과정에서 가정주부들의 가사노동은 단순한 일거리가 아닌 가족들을 사랑하는 마음의 표현으로 미화되었다. 여성들의 노동은 단순한 육체노동이 아닌 감정노동의 영역까지 확대되었으며, 일정한 수준을 성취하지 못한 주부들은 가족에 대한 사랑이 부족한 어머니로 간주되었다. 1920년대부터 1970년대까지 전업주부들이 가사노동에 소비하는 시간은 거의 일정했으며, 이러한 차원에서 가전기술이 인간의 삶을 풍요롭고 행복하게 만든다는 지적은 타당하지 않다.

아울러 기술의 발전으로 공장에서 요구되는 육체노동의 양이 줄어들고 그런 차원에서 여성들의 노동 기회가 더 늘어나게 되었다는 것도 일종의 편견에 불과하다. 20세기 들어 많은 기술혁신이 나타났고 이와 더불어 여성의 사회 진출이 활발하게 나타난 것은 사실이지만, 1900년대와 1960년대의 여성 취직 비율은 거의 유사했다. 새로운 기술도입을 통해서 여성들이 적극적인 기술도입에 성공한 것이 아니라,

여성들은 실제로는 남성들에 비해 적은 임금만을 받으면서 노동시장에 뛰어들었기 때문에 노동을 할 수 있었던 것이다. 오늘날에도 여전히 남성들의 임금에 비해 상대적으로 적은 여성들의 임금은 이를 잘 반영하고 있다. 여성들에 대한 일자리가 상대적으로 적기 때문에 여성들은 다양한 시도를 할 수밖에 없고, 때로는 남성들보다 적은 임금을 받고 일할 수밖에 없는 것이다.

기술은 사회로부터 떨어져 존재하면서 모든 문제를 해결해주는 도깨비방망이 같은 것이 아니다. 기술 발전이 가정과 직장에서 여성에게 어떤 영향을 주었는지를 살펴보면 그것이 사회 속에 뿌리 내린 가족 이데올로기나 성차별적인 문화를 넘어서 평등을 확산시키는 데 기여한 것이 아니라 오히려 기존의 사회 구조에 순응한 측면이 더 많다는 것을 알 수 있다. 결국 기술발전과 여성해방 사이의 관계에서 볼 때, 새로운 기술의 도입은 기껏해야 '가능성'의 제시 정도를 넘어서지 못했던 것이다(Wacjman, 1991: 178－179).

이러한 차원에서 볼 때, 가전기술이 여성들의 삶을 풍요롭게 만들고 여성들을 노동으로부터 해방하며, 여성들이 보다 많은 여가를 누릴 수 있도록 하고 여성들이 여가시간을 활용하여 사회적인 지위와 부와 지위를 누릴 수 있다는 주장은 과학기술에 대한 지나친 기대와 긍정적인 시선이 반영된 일종의 편견에 불과하다.

지금까지의 논의는 과학기술이 인간을 더 풍요롭고 여유 있게 만든다는 기존의 인식을 뒤집는다는 점에서 주목할 필요가 있다. 예컨대, 소비수준의 차원에서 가전기술이 인간의 삶을 풍요롭게 만들었다는 지적은 일면 타당해보이지만, 소비수준은 가전기술의 발달과는 무관하게 그 국가의 경제적 수준의 차이에 따라 일어나는 현상임을 감안할 필요가 있다. 가전기술의 도입 역시 그 국가의 경제적 수준에 따라 가정경제에서 순차적으로 일어나는 현상이기 때문이다.

3. 과학기술과 민주적 가치

우리가 갖고 있는 과학기술에 대한 다양한 고정관념들은 오늘날과 같은 민주사회에 어울리지 않는 수동적이고 수용적인 자세를 만든다. 우리가 사용하는 과학기술들이 우리 스스로 만드는 것이 아니라 과학자, 정책전문가, 기업 고위층 등을 포함하는 이른바 '정책엘리트'들이 내린 결정에 따라 전문 과학기술자들이 연구개발한 결과물들이며, 시민들은 그것에 대한 자신들의 주장과 목소리를 내지 못한 채 수동적인 소비자의 역할만을 담당할 뿐이다. 그러나 이러한 주장은 과학기술이 더 이상 사회적 진보를 이뤄내지 못하며 인간의 삶에 부정적 영향을 끼칠 수도 있다는 인식과 참여민주주의에 대한 입장들이 강조되면서 과학기술 역시 우리가 살고 있는 민주주의 원칙에 입각해야 한다는 지적에 따라 점차 설득력을 잃어가고 있다. 이런 배경 하에 '시민참여를 통한 과학기술의 민주적 재구성', 즉 '과학기술 민주화'를 주장하는 목소리가 등장하게 되었다.

이러한 주장에 대해 과학전문가들은 과학기술은 민주화의 대상이 될 수 없으며, 과학기술이라는 객관적 지식에 대한 정치공세라는 논리를 편다. 그러나 이러한 주장은 과학기술의 본질과는 어울리지 않으며, 그 논리들을 하나씩 분석해보면 과학기술의 순수성과 객관성을 강조하는 입장이 오히려 정치적인 속성을 강하게 갖고 있음을 알 수 있다.

이러한 논의들을 살펴보는 이유는 교육 분야에서 이루어지는 다양한 활동에 대한 의견을 반영할 수 있기 때문이다. 교육계 전반에 과학기술들이 적잖게 도입되고 있고, 이 과정에서 교육활동의 주체라 할 수 있는 학생과 학부모의 의견도 반영되는 것이 타당하다. 그러나 이러한 주장들에 대한 일반적인 시각은, 과학기술의 도입과 같은 것은 논의의 대상이 될 수 없으며 이러한 논의 자체가 지극히 정치적인 공세라는 입장이다. 하지만 이러한 지적은 과학기술에 대한 오해에서 비롯하는 것이며, 기술에 대해 종교와 같은 지나친 권위를 부여하는 억지 주장에 불과하다. 과학기술 민주화는 과학기술만의 문제가 아니다. 교육정책의 과정에서 요구되는 일종의 민주화이기도 하다. 교육정책이 정책참여자의 독단과 독선을 통한 시혜적인 방식으로 이루어지는 것이 아니라 이해당사자들의 다양하고도 충분한 의견 수립을 위해 진정으로 다수의 사람들을 만족시키는 숙의 민주주의가 이루어지는 것이 타당하다.

과학기술의 민주화에 대한 비판적 입장을 취하는 사람들의 논거는 크게 네 가지이다(김명진, 2002: 193-267).

- 과학기술은 민주화의 대상이 아니며 과학기술 민주화는 위험한 발상이다.
- 과학기술 민주화는 반과학적이다.
- 기술의 민주화이지 과학의 민주화는 아니다.
- 과학기술의 민주화가 아니라 과학기술 '정책'의 민주화가 맞는 표현이다.

첫째, 과학기술의 민주화란 과학기술의 산물로부터 직간접적으로 영향 받는 일반 대중이 과학기술과 관련된 사회적·정책적 의사결정에 참여하려는 것을 기본 전제로 하는 개념이다. 관료와 같은 정책결정자들과 과학자들은 일반인들은 장기적이고도 폭넓은 혜안을 갖추지 못하기 때문에 이러한 논의에 참여할 능력이 없다며 과학기술의 민주화 개념을 비판한다. 그러나 과학기술 민주화에서 시민들은 충분한 정보와 균형 잡힌 견해를 제공받은 상태에서 판단을 내리는 주체로 상정되어 있고, 그러한 차원에서 과학기술 민주화에서 지칭하고 있는 시민은 다름 아닌 '교육받은 시민'이다.

한국사회는 시민 절대다수가 중등교육 이상을 받고 합리적인 판단을 할 수 있는 충분한 소양을 갖추고 있음에도 불구하고 기술자들과 관료들의 대중에 대한 이해와 시선은 차갑기만 하다. 시민들의 교육받은 능력을 무시하고 시민들의 소양을 외면하면서 시민들의 참여를 막는 방식은 비합리적이며 반교육적인 태도라 할 수 있다. 과학기술 민주화는 균형 잡힌 정보와 견해에 근거한 일반시민의 참여 및 의사결정을 추구함으로써 이런 한계를 넘어서고자 하는 것이다. 특정 과학기술 분야에 대한 전문지식이 없는 일반시민이라고 할지라도 적절한 기회가 주어지면 복잡한 쟁점을 이해하고 숙의를 통해 자신의 의견을 도출해낼 수 있다.

둘째, 과학기술 민주화가 반(反)과학적이라는 지적은 시민들이 원자력이나 생명공학 같은 특정한 과학기술 연구를 반대할 수 있다는 과학자들의 우려를 반영한 것으로, 이는 시민들이 무분별한 군중심리나 근거 없는 위기의식에 빠지는 경우를 반영한 것이다. 이러한 지적에 대해 과학자들은 과학기술 연구개발의 중단은 곧 경쟁력의 상실이자 진보의 중단을 의미한다고 주장하면서 이는 특정 종교에서나 볼 수 있는 반과학적 성향의 표출이라고 주장한다. 당연히 이러한 주장은 흑백논리의 오류를 범하고 있다. 대다수의 일반 시민 역시 가정용 로봇청소기와 같은 과학기술 개발에 대해 우려하지 않는다. 특정 과학기술이 가지고 있는 위험성에 대한 시민들의 합리적인 문제제기를 거부하는 것은 오히려 반과학적 태도이다. '원자력이 위험할 수 있다'는 것은 수많은 사례를 통해 이미 검증되었는데, 지역주민을 비롯한 대중들을 납득시키는 대신 원자력은 안전하다는 광고만 하는 것이야말로 오히려 반과학적 태도인 것이다.

과학기술자들이 가지고 있는 시민들의 반과학적 태도에 대한 비판 자체가 오히려 반과학적 태도이다. 합리적이고 정당한 문제제기를 배척하고 권위적이고 오만한 태도를 가지는 태도가 더욱 문제를 일으킨다. 시민들은 과학 전체를 비판하거나 매도하거나 원시시대로 돌아갈 마음이 없다. 시민들의 과학기술에 대한 민주화의 관심은 자신들의 관심사인 과학이 더욱 잘 되기를 바라는 마음에서 비롯하고 더 잘되고 더 잘하라는 일종의 노력과 제언인 셈이다. 시민들이 가지고 있는 다양한 암묵지(暗黙知)를 통해 아이디어를 얻고 기존 과학기술의 문제를 고민하는 과정은 기술의 발달과정에서 필수적이다. 기술은 기술자들만 쓰는 것이 아니라 사회를 구성하는 모든 구성원들이 사용할 것이므로, 모든 사람이 충분히 이해하고 납득할 정도가 되어야 하는 것이다.

셋째, 기술의 민주화이지 과학의 민주화는 아니라는 주장도 흔하게 볼 수 있다. 이러한 주장은 과학과 기술을 구분하는 입장이다. 과학에 대해서는 기본적으로 '사실에 대한 설명'으로 간주하는 반면, 기술에 대해서는 '인간 생활에 유용한 목적으로 지식을 응용'하는 것으로 구분해야 하는 만큼 기술의 민주화는 가능할 수 있어도 과학의 민주화는 불가능하다는 것이다. 그러나 이러한 입장은 크게 두 가지 오류를 범하고 있다. 하나는 오늘날 거대과학 연구의 경우, 이미 제도권 정치기구, 국회, 군부, 다국적 거대기업 등이 영향을 끼쳐온 만큼 시민이 이러한 과학적 지식에 영향력을 행사하지 말아야 할 이유가 없다는 것이다. 아울러 과학과 기술을 구분하는 것이 점차 어려워지고, 동시에 과학기술에 대한 윤리적인 질문 역시 더욱 커지고 있다. 과학자의 사회적 책임이 존재하는가에 대한 논란이 벌어진다는 사실 자체가 이미 과학과 기술이 점차 구분되지 않는다는 증거로 볼 수 있다.

넷째, 과학기술의 민주화가 아닌 과학기술 '정책'의 민주화가 맞다는 지적이다. 이러한 지적은 상당부분 타당하고 나름의 근거를 가지고 있다. 과학기술의 민주화를 지적하는 많은 이들은 과학기술의 민주화보다는 과학기술 정책의 민주화를 지향한다. 대표적으로 정책 결정의 참여과정에서 합의회의와 같은 방식을 도입함으로써 대중들의 과학 이해를 높이는 방법을 사용하면 과학기술 정책의 민주화를 달성할 수 있다.

그러나 과학기술의 민주화는 단순히 정책의 민주화뿐만 아니라 과학적 지식의 발견 차원에서도 시민들의 참여와 암묵지가 적잖은 영향을 준다. 과학적 지식발견 차원의 민주화라는 것은 정규적인 수련과정을 거치지 않은 일반 시민들도 자신들의 문제의식과 암묵지를 활용해 과학적 지식 발견을 이뤄낼 수 있다. 1980년대 백혈병 원인 분석 역학조사, AIDS치료법 조기발견을 위한 노력, 영국 스코틀랜드 북부 셀라필드 핵발전소 주변 양떼목장의 오염실태에 대한 역학조사 등은 과학자들의 역학조사에 대한 의심을 지역과 관련 당사자들이 자체적인 연구를 통해 연구결과로 구체화한 성과이다. 이러한 사례는 집단지성이 적절하게 작동한 사례라고 할 수 있는데, 일반인들의 지식(lay knowledge)이 과학지식 생산에 분명 기여할 수 있음을 보여주는 것이다.

동시에 과학기술의 민주화는 과학기술을 운영하는 과학자사회, 기술자사회의 인적 민주화도 지향한다. 인적 민주화를 통해 실험실에서 형성되는 다양한 지식과 기술의 민주화도 추구하는 것이다. 과학자사회의 민주화는 여러 측면에서 추진될 필요가 있겠지만, 그중 두드러진 것 몇 가지만 들어본다면, 여성과학자에 대한 진입장벽과 처우상의 차별 철폐, 불리한 조건에 처한 집단－장애인, 저소득층 등－이 과학기술 교육을 평등하게 받을 수 있는 권리 보장, 대학원생, 박사후 연구원 등 청년, 소장 과학자들의 발언권 보장, 내부고발자(whistle

-blower)에 대한 보호 등을 생각해볼 수 있다. 이런 내용들은 2000여 명의 전 세계 과학자, 정책수립자들이 1999년 헝가리 부다페스트 세계 과학자 회의에서 채택한 두 개의 문서에서도 중요한 과제로 언급되고 있다.

우리는 신문기사에 대해서는 때로 신문사가 갖고 있는 정치적 편향성에 대한 문제제기를 곧잘 하고 매체에 등장하는 다양한 주장들을 종종 검증하는 자세를 갖고 있다. 이와 달리 과학자들과 과학기술에 대해서는 언론보도에 비해 더욱 높은 수준의 신뢰를 보낸다.

그러나 자연과학자들의 연구에도 적잖은 주관성과 우연성, 그리고 오해와 왜곡이 수반된다. 이것은 자연과학적 연구뿐만 아니라 사회과학적 연구도 마찬가지다. 자연과학적 연구에 비해 직접적 실험이 불가능한 사회과학적 연구는 더 큰 오류의 가능성을 갖고 있다. 실험실 상황에서만 일반화되기 때문에 사회 현실과 맞아떨어지지 않을 가능성이 있음에도 불구하고, 우리가 '과학'이라는 테두리에 사회과학을 함께 묶고, 그것에 대해 무한한 신뢰를 보이는 것은 하나의 아이러니이다.

토의 및 논쟁

1. 교육공학이라는 학문의 출현에서도 볼 수 있듯이, 현재의 교육에는 다양한 과학기술이 도입되어 있다. 이러한 과학기술의 도입이 교육을 활성화하는 데 얼마나 기여했는지 논의해 보자.

2. 20세기 미국의 4대 교육운동 중 진보주의와 재건주의를 주장했던 교육운동가들은 대체로 과학기술에 호의적이었다. 이들의 주장이 어떤 내용인지 확인하고, 그것이 현재 시점에서도 타당한지 토의해 보자.

3. 스마트폰을 비롯한 다양한 과학기술은 우리의 삶은 물론 시간과 공간 개념까지도 바꿔놓고 있다. 이러한 과학기술의 혁신이 교육의 개념과 내용에 어떤 영향을 미치는지 논의해 보자.

4. 과학기술의 혁신은 새로운 시대를 창출하는 데 기여한다. 그렇다면 근대사회에 정립된 민주적 가치와 새롭게 등장하는 과학기술문명은 어떤 차원에서 양립가능한지 논의해 보자.

논술탐구

논술을 하기 위해서는 '논리적 사고'와 '논리적 근거', '명확한 진술과 주장'이 필요하다. 〈토의와 논쟁〉에서 활동한 내용을 바탕으로, 하나의 주제를 선택하여 자율적으로 논술을 탐구해 보자.

제11장

적절한 근거 제시와 비판 4

- 대중선동 -

대중의 선동은 무엇을 통해 이루어지는가. 일차적으로 대중선동은 언어를 통해 이루어진다. 대중선동을 위한 말은 무엇보다도 사람들의 주목을 끌어야 한다. 대중의 행동을 불러일으킬 수 있는 구호만이 선전에서 효과를 본다 히틀러의 경우, 언어를 부려 선전의 효과를 극대화시키는 데 탁월한 수완을 발휘하였다. 그는 선전의 속성을 잘 알고 있었으며, 선전을 자신의 이데올로기를 실현하기 위한 가장 중요한 전략적 무기로 삼았다.

1. 대중선동과 군중심리

군중에 의한 오류에 빠져서는 안 됨을 우리는 잘 알고 있다. 비형식적 오류 중 군중에 의한 오류는 비교적 파악하기 쉽다. 그러나 인간은 실제로 대중들을 지배하는 다양한 선전과 선동에 많이 빠지기 쉽고 그것에 무감각하게 반응한다.

제2차 세계대전이 나치 독일의 패배로 끝난 지도 어느덧 60년이 훌쩍 지났고, 오늘날 독일을 비롯한 유럽사회는 나치와 히틀러(Adolf Hitler, 1889–1945)의 이름을 언급하는 것조차 부끄러운 일로 간주할 정도로 그들에 대한 대중들의 평가는 혹독하다. 하지만 히틀러가 정권을 장악했던 당시 독일인들의 반응은 이와는 전혀 달랐다. 히틀러는 총체적 위기의 독일 사회를 꿰뚫어보고 본능적으로 대중의 동경과 욕구를 파악해 냈을 뿐만 아니라, 이를 자신에게 유리하게 이용할 줄도 알았다(김종영, 2010). 히틀러의 연설에 대중들은 요동쳤고, 하이데거(M. Heidegger, 1889–1976) 같은 대철학자도 히틀러의 주장에 동조할 정도로 그의 영향력은 대단했다.

히틀러가 지닌 영향력의 근원으로 많은 연구자들은 그의 연설능력을 꼽는다. 연구자들의 의견은 히틀러가 '뛰어난 연설 능력', '수사학적으로 탁월한 능력'을 갖고 있었다는 사실에 대체로 일치한다. 히틀러의 독일 지배 과정에서 망명했던 소설가 토마스 만(Thomas Mann, 1875–1955)은 망명 중에 쓴 정치 에세이에서 히틀러에 대해 언급하면서 '위대성'과 '천재'라는 낱말을 사용하기도 했다(김종영, 2010: 3–4). 많은 지식인들이 정치지도자 히틀러의 형편없는 능력에 대해 신랄하게 비판하지만, 그의 연설능력과 대중선동 기술이 탁월했다는 데는 대체로 동의한다.

선전은 학식을 갖추고 비판적 사고능력을 갖춘 지식인들을 대상으로 하지 않는다. 일차적으로 교육수준이 낮은 대중을 향해야 한다고 히틀러는 주장한다. 대다수의 대중들이 동의하게 되면, 소수의 지식인이라고 하더라도 대중들의 의견에 맞서기는 쉽지 않기 때문이다. 따라서 선전은 모두 민중적이어야 하고, 청중 가운데 가장 우매한 사람들도 알아들을 수 있도록 조정되어야 한다. 그런 차원에서 선전은 이성적이거나 논리적인 작업이 아니다.

히틀러의 선전은 대체로 조국에 대한 애정과 독일 민족의 우월성, 유대인에 대한 증오, 제1차 세계대전 승전국들에 대한 비난 등으로 구성되었고, 대중들 누구나 쉽게 납득할 수 있는 내용들로 구성되어 있었다. 그리고 선전의 기술은 거대한 대중의 감정적 표상세계를 이해하여, 심리적으로 올바른 형식으로 주의를 불러일으키고 나서 광범위한 대중의 마음을 얻는 데 있다.

히틀러의 시대는 지나갔지만 시민들이 군중심리에 휩쓸릴 가능성은 여전히 남아있다. 민주사회에서 시민들 개개인이 군중심리에 휩쓸리지 않고, 주체적이고 논리적인 사고를 통해 자신의 의견을 개진하기 위해서는, 대중선동을 위해 사용되는 다양한 기술과 기법들을 정확히 인식하고 그러한 함정에 빠지지 않도록 노력하는 것이 요구된다.

2. 감정에의 호소

내가 가지고 있는 주장을 다른 사람들에게 납득시키고자 할 때 크게 세 가지 방법을 사용할 수 있다. 하나는 청자(聽者)의 이성(logos)에 맞추어 논리로 설득하는 방식이고, 다른 하나는 화자(話者)가 가진 인품, 즉 인격적인 품격을 이용한 감화를 통해 다른 사람을 설득시키는 것이다. 이는 그 삶이 가지고 있는 에토스(ethos), 즉 윤리적 품성을 통해 다른 사람을 설득하는 것이다. 마지막에 등장하는 것이 청자가 갖고 있는 파토스(pathos), 즉 감성을 자극하여 청자를 설득하는 방식이다. 이중 히틀러의 수사학은 단연 세 번째, 즉 감성에 호소하는 방식이었다(김종영, 2010).

특히 그는 감성 가운데 분노를 자극하는 데 아주 유능했고, 그 자신의 에너지 역시 분노에서 끌어냈다. 그의 넘치는 에너지는 오랜 동안 쌓여 응축된 분노에서 나왔다. 자신의 답답했던 젊은 시절의 감정이 폭발하면, 그에게서는 에너지 넘치는 청산유수의 언변이 흘러나왔다(허준, 2005: 69).

토크쇼의 달인으로 알려진 래리 킹(Larry King)은 어떤 사람들이 말을 잘하는가에 대해 다음 네 가지 유형을 들었다. 자신의 일에 열정을 가진 사람, 자신의 일을 분명하고 흥미 있게 설명할 수 있는 사람, 화가 나 있는 사람, 유머 감각이 있는 사람이다. 분노한 사람의 입에서는 훨씬 강렬하고 설득력 있는 언변이 쏟아져 나온다고 한다. 히틀러 역시 사회의 부조리에 대한 분노에 휩싸여 있는 젊은이였고 가슴속에 많은 것이 맺혀 있는 사람이었다. 히틀러는 젊은 시절 동안 사회에 대한 불만, 굶주림, 좌절 등을 경험했고 제1차 세계대전 중에는 병역 기피자, 위선, 이기주의, 유대인에 대한 분노를 더하게 되었다. 그가 언변에 유창했던 이유는 자신의 분노를 언어로 조리 있게 표현해 내는 재주가 있었기 때문이다.

감정과 분노를 자극하는 히틀러와 나치스의 선전원칙은 다음과 같이 요약된다(허준, 2005: 107).

- 대중을 흥분시키고 그들을 냉정하게 만들지 말 것
- 어떤 실수나 잘못도 인정하지 말 것
- 비난을 받아들이지 말 것
- 대안의 여지를 남기지 말 것
- 적에게 무언가 장점이 있음을 시인하지 말 것
- 비난할 때는 한 번에 하나의 적에게 집중할 것

따라서 이러한 주장을 논파할 때 필요한 우리의 원칙도 분명해진다.

- 어떤 경우에도 흥분하지 않고 침착함을 유지한다.
- 실수나 잘못을 인정하지 않는 상황을 지적한다.
- 억지를 부리고 있음을 보여준다.
- 한 명에게만 공격하고 있는 상황에 대해서 직접적으로 지적한다.
- 그 주장 외에 다른 대안이 얼마든지 있음을 실증적으로 보여주고 청중의 동의를 구한다.
- 상대방의 주장이 논리적·윤리적으로 모순될 수 있음을 지적한다.

3. 연기와 연출

라디오를 적극 보급하고 이를 통해 히틀러의 정례 연설을 지속적으로 추진했던 것은 히틀러와 나치당이 매체에 대해 관심을 가지고 있었으며, 그 매체를 통한 지속적인 선전과 선동에 큰 관심을 가지고 있었음을 보여준다.

히틀러의 제국 선전장관이자 나치당의 유일한 엘리트였던 요제프 괴벨스(P. J. Goebbels, 1897－1945)는 나치당 집권 후 1934－35년 동안 국가 보조금을 지급하여 전 국민에게 라디오를 보급했고, 정기 연설을 통해 나치당의 강령을 전 국민이 모두 들을 수 있도록 유도했다. 이를 통해 괴벨스는 지속적으로 대중들을 교화하고 설득할 수 있는 수단을 확보하게 되었다. 괴벨스의 선전 선동은 파급효과가 대단해서 2차 대전 이후 미국과 소련은 히틀러와 괴벨스의 논의를 구체적으로 연구하기도 했다(Reuth, 1994).

히틀러는 라디오뿐 아니라 영상매체도 가장 효율적으로 이용한 인물이다. 신문에 자신의 사진이 어떻게 실렸는지에 대해 항상 관심을 가졌다. 히틀러의 키는 170센티미터 정도로 당시 독일에서는 평균 신장 정도였지만, 사진에서는 매우 당당하고 잘생긴 인물로 등장한다. 신문과 뉴스, 영화 등에 사용된 모든 사진은 그를 최대한 잘생기게 보이도록 미리 준비된 것이었다. 우스꽝스러워 보이는 콧수염 역시 히틀러가 여러 시도를 통해 가장 특색 있는 것으로 다듬은 것이었다(허준, 2005: 120－121).

[그림 11 - 1] 나치 선전장관과 수상을 역임했던 요제프 괴벨스

대중들은 사진, TV, 영화를 통해서만 전달되는 히틀러의 이미지에 그대로 속아 넘어가게 되었다. 대중들에게 공개되는 히틀러 사진은 그를 강하면서도 인자한 지도자로 보이도록 연출한 것이었다. 어린이와 함께 시간을 보내거나 애견과 함께 있는 인자한 모습, 자신이 설계한 건축물의 그림을 바라보거나 연인이었던 에바 브라운과 차를 마시는 여유 있는 모습 등이 당시 사람들의 뇌리에 박힌 히틀러였다. 이러한 히틀러의 모습이 각인되어 있던 독일인들에게 전쟁 후 홀로코스트와 같은 범죄를 상상할 수 없었던 것은 어쩌면 당연한 일이었다. 반면 독일군의 이미지는 매우 강력하고 세련된 것이었다. 유명 디자이너 휴고 보스가 디자인한 독일 군복은 독일군의 이미지를 남성적이고 세련되게 강화하는 데 크게 기여하기도 했다.

히틀러는 서치라이트 등의 빛이 나오는 쪽에서 연설하거나, 칠흑같이 어두운 강당에서 자신에게만 스포트라이트를 비추고 연설하거나, 석양을 등지고 사람들 앞에 서는 것을 좋아했다. 이렇게 하면 청중들의 심리적 저항감은 가장 낮아지고 모두가 그에게 집중할 수밖에 없었다. 아침에 말똥말똥하던 판단력은 한나절이 지나 저녁이 되면 점차 무디어져 방어를 풀고 남들이 하는 말에 쉽게 설득된다. 나른한 저녁 시간에, 그것도 해가 서쪽에 떠서 붉게 물든 하늘을 배경으로 히틀러가 연단에 서면 집단 최면 효과는 극대화되었다. 비가 오거나 날씨가 나쁘면 그는 아예 연설을 취소해 버렸다고 한다. 히틀러는 오페라 가수에게 발성을 배우고 몸짓 언어도 연습하는 등 실제 집회와 연설에서 극적 효과를 낼 수 있도록 갖은 노력을 기울였다.

나치 독일에서 남긴 히틀러에 대한 다양한 영상 기록물에는 히틀러에 대한 영웅적 이미지를 극대화하기 위한 다양한 장치들이 담겨 있었다. '히틀러의 도착, 군중들의 운집, 창공을 점령한 깃발, 세련된 카메라워크, 바그너의 음악, 역동적인 제스처와 청중의 반응' 등등 이 모든 영화적 테크닉과 편집은 당대 최고의 예술적 경지였다. 특히 편집 리듬은 히틀러와 일체가 된 듯 세련의 극치를 보여준다.

이러한 과정을 통해 히틀러는 대중들에게 주는 이미지를 극대화하고 대중들이 자신의 주장을 절대적으로 신뢰할 수 있도록 많은 기술적 장치들을 고안했다. 이러한 활동을 통해 독일 국민들은 지속적으로 히틀러의 주장을 신뢰할 수밖에 없었고, 히틀러의 지배와 제2차 세계대전의 패전국이 될 수밖에 없었다. 당시 나치에 비판적인 시각을 가지는 사람들은 극히 소수에 불과했고 대다수의 사람들은 나치 독일을 신뢰하였다.

4. 투박한 표현과 핵심의 반복

히틀러의 연설을 들어본 사람들은 히틀러가 갖고 있던 강한 영향력이나 설득력과는 별개로 그의 연설이 문학적으로는 그다지 뛰어나지 않음을 알게 된다. 히틀러의 연설은 허세와 과장으로 가득 차 있었고 최상급을 지속적으로 반복하고 지나친 과장과 수식어를 남발하는 등 이성적인 사람들을 불편하게 만드는 것이었다. 히틀러의 연설은 철저하게 자신만을 위한 것이었다. 나에게 동의하지 않으면 모두 적이라는 히틀러와 나치의 구분방식은 인칭대명사 '우리'를 지속적으로 사용하던 그들의 연설방식에서 분명해진다. 나의 주장에 동의하면 우리로 간주되고, 내 주장에 동의하지 않으면 모두 '적'으로 척결의 대상이라는 것이다. 인칭대명사 '우리'는 나와 같은 편을 아우르고 상대방은 배척하며, 히틀러라는 영도자가 우리를 모두 올바른 방향으로 인도할 것이라는 지도적 의미가 숨어 있었다.

또한 히틀러는 지속적으로 질문을 던지면서 청중의 주의를 환기하고, 이후에 질문과 독백을 통해 지속적으로 청중들과 대화하는 것처럼 보이지만, 실제로는 자신의 주장을 일방적으로 주장하는 형태로 연설을 구성하였다. 때로는 질문과 그 질문에 대한 독백 이후 그 질문을 반전해내는 기법을 사용하기도 하였다.

나치 선전선동의 특징은 여러모로 오늘날 독재국가에서 사용하는 선전선동 방식의 모형이 되어왔다. 그것은 몇 가지 특징으로 정리된다. 도입부에서는 준비단계 없이 갑작스럽게 현실의 문제를 고발한다. 현재를 강력하게 비난하고 이제는 돌아갈 수 없는 과거의 모습을 찬미하며 청중들의 감성을 자극한 후 나치와 함께 다가올 미래를 미화한다. 늘 청중들을 놀랍고 혼란스럽게 만들어서 감정의 격렬한 변화를 유도하고 이 변화를 통해 대중들이 자신의 주장에 동조하게 만든다.

히틀러는 문제제기를 하는 것처럼 보이지만 실제로는 문제제기를 하지 않는다. 답변도 직접 해버리면서 모든 문제의 해결사 노릇을 수행한다. 대체로 자신의 반대파들의 주장은 곡해하고 그 진위를 파악하는 것은 중요하지 않다. 대중들 앞에서 그 사람의 주장을 깡그리 뭉개버리는 것이 그 역할이다. 확신에 찬 분명한 어조로 말하면서 부당한 내용도 뻔뻔스럽게 말한다. 아울러 연사들을 신격화하면서 종교적 어휘를 사용하게 되면, 이제 사람들은 히틀러의 주장을 메시아의 주장처럼 생각하면서 그의 말을 신뢰하게 되는 것이다.

"독일 민족은 끔찍한 어려움을 겪어왔습니다. 이것은 마치 우리 민족이 근면하지 못한 탓인 것처럼 여겨지고 있는데, 절대 그렇지 않습니다. 수백만의 우리 민족은 옛날처럼 열심히 일하고 있습니다. 수백만의 농부들은 옛날처럼 쟁기질을 하고 있습니다. 수백만의 노동자들은 시끄러운 모루 앞에 서서 노동합니다. 수백만의 우리 민족은 일을 하고 있습니다. 그러나 나머지 수백만의 국민들은 일을 하고 싶어도 할 수가 없습니다. 수만의 사람들이 스스로 인생을 끝냈습니다. 그들에게 인생이란 그저 고통과 궁핍으로 점철된 것처럼 여겨졌던 것입니다. 그들은 삶을 내세와 바꾸었습니다. 내세에서의 보다 나은 것을 꿈꾸었던 것입니다. 엄청난 고통과 불행이 우리에게 찾아왔습니다. 그리하여 우리는 자신감을 상실하게 된 것입니다. 그저 절망감뿐이었습니다. 이제 우리는 묻습니다. 대체 무엇 때문에 이렇게 되었습니까?"(김종영, 2010: 115–116)

인용문은 글로 읽었을 때는 다분히 촌스럽고 필요 없는 과장으로 가득 차 있으며 무의미해 보이는 히틀러의 주장이다. 하지만 이것을 엄청난 청중과 분위기에 압도된 상태에서 히틀러의 말로 듣게 되면 상황은 달라진다. 히틀러는 지속적으로 반복하여 청중들의 머릿속에 자신의 주장을 각인시키고, 요점을 많이 얘기하지 않고 간단히 한두 가지 정도로만 요약해서 반복, 지속한다. 이것을 요란한 퍼포먼스와 함께 되풀이하여 대중에게 각인시키는 것으로 히틀러는 큰 효과를 거두었다(김종영, 2010: 133).

히틀러는 다양한 비유법을 활용하였다. 특히 기술과 기계장치에서 다양한 비유를 따서 활용하고 있다. 히틀러는 나치당을 기계에 묘사하고 대중은 나치당이라는 기계의 유지와 운영을 가능하게 하는 원료이자 기계장치를 통해 형성된 생산품이라는 비유를 사용한다. 물론 여기서 대중들을 온전한 생산품으로 만들어내는 활동은 바로 나치의 교육활동이다.

[그림 11 - 2] 히틀러가 보급한 국민라디오(volksradio)

또한 자신들의 적에 대해서는 냉정하고 혐오스러운 용어를 서슴없이 사용한다. 유대인들은 인류의 박테리아라는 생물학적인 어휘는 유대인에 대한 인간적 가치판단을 불가능하게 만들고 사람의 건강을 위해 박테리아를 박멸하듯, 인류의 건강을 위해 유대인을 박멸해야 한다는 사고방식을 자연스럽게 내면화시킨다. 이러한 박테리아를 인류사회에서 제거하기 위해서는 끊임없는 펀치와 함께 결정적 한방이 필요하다. 전투적인 스포츠 용어는 적들을 제거하는 데 매우 효과적이기 때문이다. 결론적으로 나치는 다양한 비유법과 수사법을 사용하는데 이 수사법은 나치 언어의 비인간성을 잘 보여준다. 나치는 언어의 기계화를 통해 인간의 기계화를 지향하고, 이러한 기계화는 결국 제2차 세계대전의 패배로 이어지게 된다.

5. 대중선동의 비민주성

히틀러가 끊임없이 궤변을 늘어놓으며 인류사회를 파멸로 몰아넣을 수 있었던 데는 바로 대중에 대한 끝없는 불신이 있기 때문이었다. 히틀러는 대중들의 속성을 규정하고 대중들이 듣고 싶은 말을 해주면서 대중들의 심리를 자신들의 주장으로 몰고 가는 데 탁월한 능력을 과시했다. 나치스의 주장은 대중에 대한 불신에 바탕을 두고 있다. 나치스의 대중선동을 잘 보여주는 이 유명한 구절은 그들의 지향을 잘 보여준다.

> 사람들은 작은 거짓말보다 큰 거짓말을 믿는다.
> 거짓말도 자꾸 반복하면 사람들은 믿게 된다.

나치스의 선전 기술에 가장 먼저 전제되는 것은 '대중은 우매한 존재'라는 명제이다. 히틀러는 대중을 과대평가하지 않았다. 오히려 그는 대중을 깔보는 편이었다. 그러한 히틀러의 태도는 어떻게 그가 수많은 사람을 그처럼 쉽게 자신의 주장에 동조하게 만들었는가를 알 수 있는 첫 번째 열쇠가 된다(김종영, 2010: 130).

인간은 하나하나 떨어져 있을 때는 나름대로 이성적인 판단을 하지만, 여럿이 모여 군중을 이루면 그 행동 방식은 이성적 판단력보다 단순한 감정에 의존하게 된다. 또한 지각 능력도 매우 단순해져, 그들은 선동가에 의해 보이는 것을 그대로 믿게 된다. 그것이 조악하게 연출된 것일지라도 그 속임수를 간파할 수 있는 사람은 소수에 지나지 않는다. 그리고 그런 사람들의 의견은 눈앞에 보인 것을 단순하게 믿어버리는 절대 다수의 의견에 휩쓸려버리고 만다. 히틀러는 이미 그 점을 간파하고 있었다. 그의 저서 『나의 투쟁』에서는 대중이 얼마나 우매하며 조종하기 쉬운 존재인지를 여러 차례 밝히고 있다.

나치스는 대중들에게 진실을 보여주는 것이 아니라 그들이 보여주고 싶은 것만을 보여주려 했다. 특정 사실을 강조하고 특정 사실을 생략하여 언급함으로써 자신이 의도한 쪽으로 사람을 설득하는 방법을 사용했다. 나치스의 선전 방식은 사람들의 이성적 사고를 가로막고 그들을 감정에 따라 움직이게 만들었다. 그들은 대중에게 진실을 알리기보다, 대중들이 가장 듣고 싶어 하는 달콤한 말을 들려주어 그들을 자신들이 원하는 대로 조종할 수 있기를 원했다(허준, 2005; 108). 대중의 수용 능력은 매우 한정되어 있고, 이해력은 부족한 대신 망각력은 컸다. 따라서 모든 효과적인 선전은 요점을 최대로 제한하고, 이것을 슬로건처럼 이용하여 마지막 한 사람에게까지 떠올려질 수 있도록 계속적으로 행한다. 왜냐하면 대중은 제공된 소재를 소화하거나 기억해 두는 능력이 없기 때문이다.

대중들의 사고는 이분법적이며 단순하다. 그러한 단순함에 호소하는 것이 그들을 설득하는 가장 강력한 방법이다. 히틀러가 유대인이라는 공공의 적을 만들고 '우리'라는 표현을 통해 명확한 피아(彼我) 구분을 한 것도 이러한 이유에서였다. 민중의 압도적 다수는 냉정한 사고보다 감정적인 느낌으로 생각이나 행동을 정하는 특징을 갖는다. 그리고 이 감정은 복잡하지 않고 매우 단순하며 폐쇄적이다. 이처럼 대중의 의견은 중도를 지키는 일보다는 어느 한쪽으로 치우치는 경우가 압도적으로 많다.

그렇다면 그들을 선동하기 위해 어떻게 해야 하는가? 답은 단순하다. 선동가의 논리는 무조건 '이것 아니면 저것' 식으로 이분법적이어야만 한다. 히틀러는 어떠한 사실은 강조하고, 어떠한 사실은 축소하거나 생략하여 언급함으로써 사람들의 생각이 자신의 주장에 설득될 수 있게 했다. 같은 사실이라도 어떻게 왜곡하느냐에 따라 의견이 기울어지는 방향을 정할 수 있다. 대중의 의견은 중도를 지키지 않는다. 그들을 따라오게 하려면 균형 잡힌 논리보다 이분법적이고 극단적인 논리를 사용하는 것이 더 유리하다. 균형 잡힌 논리는 대중의 이성에 호소하는 반면, 극단적인 논리는 대중의 감성에 호소하기 때문이다(김종영, 2010: 132－133).

이러한 히틀러의 주장은 오늘날 민주사회의 시민들이 어떤 사고방식과 자세를 갖춰야 하는지에 대한 보다 진지한 고민을 가능하게 한다. 동시에 히틀러의 주장을 극복하고 대중들이 합리적이고 지적인 판단을 할 수 있을 때, 이런 합리적이고 민주적인 판단과 의사결정을 수행할 줄 알 때, 진정한 대화와 교육이 이루어질 수 있다.

오늘날과 같은 민주주의 시대는 토론과 논리의 시대이다. 히틀러의 주장은 대중에 대한 멸시와 모멸을 담고 있다는 점에서 그 자체로서 이미 비민주적이다. 모든 정책과 토론의 과정에서 민주적인 사고와 민주적인 토론과 열린 결론의 가능성이 제시되어야 한다. 열린 결론의 가능성을 제시하지 않는 주장이라면 마땅히 배척되어야 한다.

토의 및 논쟁

1. 히틀러의 대중선동 방법이 전통적인 변증술이나 수사학, 쇼펜하우어의 토론술과 어떤 점에서 차이가 있는지 토의해 보자.

2. 대중들은 사회적 분위기나 유행에 민감하다. 따라서 확인되지 않은 사실이나 왜곡된 정보에 현혹되기 쉽다. 이처럼 대중들이 무분별하게 선동되는 것을 막기 위해 교육전문가들은 어떤 노력을 기울여야 하는지 논의해 보자.

3. 히틀러는 대중선동을 할 때 다양한 무대장치를 통해 시청각 효과를 극대화해 대중들의 객관적인 판단을 흐리게 만들었다. 히틀러가 사용한 무대장치처럼 객관적인 판단을 가로막는 장치에 현혹되지 않기 위해 어떤 노력과 자세가 필요한지도 논의해보자.

4. 집단지성(集團知性: collective intelligcncc)은 다수의 개체 인간들이 서로 협력하거나 경쟁을 통해 얻은 지적 능력의 결과로 획득한 집단적 능력을 말한다. 그런데 히틀러의 경우, 개체 인간인 대중들을 우매하다고 보기 때문에 집단지성은 불가능하다. '집단지성'을 옹호하는 입장에서 히틀러의 대중관(大衆觀)을 비판해 보자.

논술탐구

논술을 하기 위해서는 '논리적 사고'와 '논리적 근거', '명확한 진술과 주장'이 필요하다. 〈토의와 논쟁〉에서 활동한 내용을 바탕으로, 하나의 주제를 선택하여 자율적으로 논술을 탐구해 보자.

부록

동양의 논리 1. 명가의 논리
동양의 논리 2. 선종의 비논리성
동양의 논리 3. 이슬람의 논리학

동양의 논리 1. 명가(名家)의 논리

서양의 논리학과 유사한 논리가 중국을 비롯한 동양에서는 희박하다. 대신 중국에서는 다른 형식의 논리가 발달하였다. 그것은 전문적으로 '명칭(名)'과 '실제(實)'의 본질, 그리고 그 관계를 논의한 것인데, 일반적으로 그들을 명가(名家)라고 부른다. 명가를 대표하는 인물로는 혜시(惠施, B.C. 370－B.C. 309)와 공손룡(公孫龍, B.C. 325－B.C. 250)이 있다. 혜시는 사물의 상대성을 중시여기며 현실세계의 사물들이 가변적이며 상대적이라는 사실을 강조하였다. 공손룡은 이름의 절대성을 중시하며 그것이 영원불변하며 절대적이라는 사실을 강조하였다. 명가들은 명칭을 분석하고 명칭과 실제의 명실 관계와 그 차이점을 분석하여, '형상을 초월하는 경지'를 발견하였다.

이러한 명가를 두고 사마담(司馬談, ?－B.C. 110)은 "명가는 오로지 명을 해결하려다 상식에서 벗어나고 말았다"고 하였다. 명가의 사상이나 변론은 오로지 '명(名)'에서부터 출발한다. 일반인들의 지식은 모두 형상을 지닌 것에 국한되어 있다. 형상을 지닌 것은 명가에서 말하는 '실(實)'이다. 그것은 모든 사람이 알고 있다. 그러기에 일반인이 관심을 쏟는다. 그런데 명가의 철학자들은 명에 관심을 기울였다.

명가의 대표 인물이라고 할 수 있는 혜시는 '역물십사(歷物十事)', 즉 사물을 보는 방법 열 가지를 주장했다. '역물십사'는 『장자』「천하」에 실려 있는 글인데, 혜시가 만물의 뜻을 분변 역술한 것이라는 10개조의 명제를 말한다. 혜시는 사물을 관찰한 후, 다음과 같이 자신의 생각을 늘어놓았다.

명제 1. 지극히 커서 그것을 벗어날 것이 없는 경지를 대일이라 하고,

명제 2. 지극히 작아 더 이상 그 내부라는 것이 없는 경지를 소일이라 한다.

명제 3. 두께가 없어 쌓을 수 없는 것도 이 소일의 입장에서 보면 천리의 크기가 된다.

명제 4. 대일의 입장에서 보면 천지의 높낮이도 다 같이 낮고, 산과 못도 평평하다.

명제 5. 해도 하늘의 한가운데 있는 듯 보이나, 서쪽이나 동쪽으로 기울어 있는 것이다.

명제 6. 사물이 생겨난다는 것도 오히려 죽는 것이라 할 수 있다.

명제 7. 큰 입장에서 보면 모두가 같지만, 작은 입장에서 보면 모두가 다르다. 이것을 일러 소동이라고 한다.

명제 8. 만물은 서로 대립되는 것도 입장에 따라서는 같은 것이라고 할 수 있고, 같다고 생각되는 것도 입장에 따라서는 다른 것이라고 할 수 있다. 이것을 대동이라고 한다.

명제 9. 남쪽은 무한하지만 북쪽과의 한계를 생각하면 유한하게 된다. 오늘 월나라로 출발해도 옛날에 도착했다고도 할 수 있다. 이어진 고리는 풀 수가 없다고 하지만, 자유롭게 움직이는 고리의 입장에서 보면 풀려 있다고 할 수 있다.

명제 10. 나는 천하의 중앙을 알고 있다. 그러나 그것은 연나라의 북쪽이라 할 수도 있고, 월나라의 남쪽이라 할 수도 있다. 두루 만물을 사랑하면 하늘과 땅도 일체가 된다.

또한 사물에 대한 일반적이고 상식적인 견해들을 비판한 21개의 조목도 있다. 이는 이십일사(二十一事)라고 하는데, 모두가 기괴한 말로 되어 있어 충격을 준다.

1. 계란에도 털이 있다(그 알에서 나온 병아리의 몸에 털이 있으니까).
2. 닭에게는 세 개의 다리가 있다(두 다리에 다리라는 개념까지 합쳐서).
3. 초나라의 서울인 영 땅 안에도 천하가 있다.(우주의 입장에서 보면 천하도 그 일부일 뿐이며, 영도 우주의 일부에 지나지 않기에, 천하도 영에 포함된다.)
4. 개를 양이라고 할 수도 있다.(개나 양이나 사람이 자의적으로 붙인 말이니까 서로 바꿀 수 있다.)
5. 말에도 알이 있다고 할 수 있다(말은 태생이나 낳는다는 점에서는 같으므로).
6. 두꺼비에게도 꼬리가 있다(올챙이에게는 꼬리가 있으므로).
7. 불은 뜨겁지 않다(뜨겁다는 것은 사람의 감각일 뿐 사물 자체의 성질은 아니므로).
8. 산에는 입이 있다(메아리가 나오니까).
9. 수레바퀴는 땅을 밟지 않는다(수레가 구를 때 지면에 닿는 것은 바퀴의 일부이므로).
10. 눈은 사물을 보지 못한다(빛이 없으면 보지 못하니까).
11. 특정한 사물의 지칭은 모든 것을 나타내지 못한다.
12. 사물은 없어지지 않는다.
13. 거북은 뱀보다 길다.(사물의 장단은 상대적인 것에 지나지 않는다.)

14. 굽은 자로는 네모꼴을 만들지 못하고 그림쇠로는 원을 그리지 못한다.
15. 구멍에 넣는 쐐기는 구멍이 둘러싸지 못한다(그 사이에는 공간이 있게 마련이므로).
16. 나는 새의 그림자는 움직이지 않는다.(움직이는 순간마다의 그림자는 움직이지 않으며, 움직인다고 느끼는 것은 새로운 그림자가 생기기 때문이다.)
17. 빨리 날아가는 화살은 가지도 않고 멈추지도 않는 순간이 있다. 구와 견은 다르다(형체는 같아도 이름이 다르므로).
18. 누런 말과 검은 소는 셋이다.(빛으로 말한다면 누런 빛, 검은 빛, 누렇고 검은 빛 셋이고, 형체로 보면 말, 소, 마소의 셋이다.)
19. 흰 개는 검다.(희다, 검다는 것은 형체가 아니므로 형체로 본다면 흰 개는 검은 개와 같다.)
20. 외로운 망아지에게는 어미가 없었다.(어미가 있었다는 순간에 외로운 망아지가 아닌 게 된다.)
21. 한 자 길이의 회초리를 매일 그 반을 부러뜨려도 영원히 없어지지 않는다.

동양의 논리 2. 선종의 비논리성

서구 논리학을 중심으로 볼 때, 중국의 선불교는 논리성을 갖추지 못하고 있다. 흔히 선문답(禪問答)이라고 말하는 선종의 논리는 비합리적이며 비논리적인 것으로 가득하다. 그러나 초기 선종의 경전에 해당하는 『돈오요문(頓悟要門)』에는 지극히 명쾌한 논리가 실려 있다. 문답하는 형식을 갖추고 매우 논리적인 논란과 응답이 이루어지고 있었다. 다음은 그 한 사례이다.

문: 죄를 받는 중생에게도 불성이 있는가, 없는가.
답: 똑같이 불성이 있다.
문: 이미 불성이 있다면 지옥에 갈 때에 불성도 함께 가는가.
답: 함께 가지는 않는다.
문: 그러면 지옥에 들어갈 때에 불성은 어디에 있는가.
답: 또한 같이 들어간다.
문: 같이 들어간다면, 들어갈 때에 바로 중생은 죄를 받되 불성도 또한 같이 죄를 받는 것인가.
답: 불성은 중생을 따라 같이 들어가기는 하나 이것은 중생이 스스로 죄의 괴로움을 받을 뿐, 불성은 본래 죄를 받지 않는다.
문: 같이 들어가는데 어찌하여 같이 받지 않는가.
답: 중생은 모양이 있는 것이며 모양 있는 것에는 곧 생기고 없어짐이 있으나, 불성은 모양이 없으며 모양이 없는 것은 곧 공한 것이다. 이런 까닭에 공한 성품에는 무너질 것이 없다. 예를 든다면 허공에다 장작을 쌓아 태움에 장작은 타서 없어지나 허공은 그렇지 않는 것과 같으니, 허공은 불성에 비유하고, 장작은 중생에 비유한 것이다.

이런 까닭에 함께 들어가지만 같이 받지는 않는 것이다.

이런 논리성을 갖춘 선종이 점차 논리적이거나 정의적인 설명이 아니고 시적이며 정서적인 설명으로 나아갔다. 다음에 나오는 대화를 보면 선종의 새로운 논리를 엿볼 수 있다.

스님A: 어떤 것이 '사람은 빼앗고 경계는 빼앗지 않는 것'입니까?
스님B: 따스한 봄볕이 부드럽게 감싸니 땅 위에 초목의 싹튼 것이 비단 깔린 것 같고, 어린아이의 드리운 머리털이 실처럼 희더라.
스님A: '경계는 빼앗고 사람은 빼앗지 않는 것'은 무엇입니까?
스님B: 이미 임금의 명령이 온 천하에 두루하니, 국경을 지키는 장군이 할 일이 없도다.
스님A: '사람과 경계를 다 빼앗는 것'은 무엇입니까?
스님B: 변방 고을의 사또가 나라를 배반하고 독립함이다.
스님A: '사람과 경계를 다 빼앗지 않는 것은 무엇입니까?
스님B: 임금이 궁전에 올라 나라를 살펴보니, 모든 백성들이 노래하며 춤추도다.

비논리적인 성격은 선종의 문답에서 더욱 현저하다. 이와 같은 정신적 기초 위에 성립된 선문답이 희랍에서 행해지던 대화와는 아주 다른 것임은 말할 것도 없다.

스님C: 너희들은 모두 제각기 자기의 마음이 곧 부처인 줄 믿어야 하나니, 이 마음이 곧 부처 마음인 것이다.

스님D: 큰스님께서는 어째서 마음이 곧 부처라고 말씀하십니까?

스님C: 어린아이의 울음을 달래느라 한 짓이지.

스님D: 그러면 울음을 그쳤을 땐 어찌 하시렵니까.

스님C: 마음도 아니며 부처도 아니지.

이와 같이 똑같은 질문에 대해 아주 다른 대답을 하는 것은 실천적인 입장에서 일러주기 때문이다. 그것은 의사가 중병이 든 환자에게는 절대 안정을 당부하지만 가벼운 환자에게는 조금씩 운동을 하도록 권하는 것과 같다. 때문에 선종의 문답 가운데 이론적으로는 분명히 모순되지만 실천적으로는 아무런 모순도 없는 경우가 허다하다.

선종에서 자주 쓰이는 물음에 "달마는 무엇 때문에 동쪽(중국)으로 왔는가?"라는 것이 있다. 그것은 "선의 참된 뜻이 무엇이냐?"라는 물음이다. 여기에 대해, 옛 선사들은 다양한 대답을 하고 있다. 대표적인 것 몇 가지를 열거해보면 다음과 같다.

'오래 앉아 있으니, 피곤하구나.'

'바람이 불고 해가 쪼인다.'

'눈 위에 서리까지 내린다.'

'뜰 앞의 잣나무.'

'태양 속에서 산을 본다.'

'흰 구름이 돌을 안는다.'

'푸른 비단 부채에 서늘한 바람이 만족하구나.'

'문 밖의 천 그루 대나무, 부처님 앞의 한 꼬치 향.'

'돌 소가 옛길에 한가롭고, 목마가 높은 누각에서 빠르도다.'
'오랜 가뭄에 단비가 내리지 않고 논바닥에서 벼이삭 말라 죽다.'
'초를 맛보고 신 것을 알고, 소금을 맛보고 짠 것을 안다.'

이와 같이 하나의 물음에 대한 대답은 제각기 다르다. 그런데 대답들을 보면 물음에 대해서 너무나 동떨어져 있다. 물음과 대답 사이에는 그 표현으로만 보면 어떤 연관도 없는 듯하다. 여기에서 선문답을 하는 선승들의 사유방법의 독특성이 엿보인다. 그들은 보편적이고 종교적이며, 도덕적 진리는 타인과 공동으로 이해될 수 있는 판단내용을 가지는 '학문'으로서가 아니라, 오히려 제각기 스스로 맛보는 직접적 체험으로 파악된다.

진리를 보편적인 명제로 파악하여 표현하려는 노력을 버리면서 선종은 점차 비논리적으로 되었다. 그것은 서구의 논리학과는 다르더라도 나름대로의 논리가 숨겨져 있다. 동양인들은 이것을 논리적인 뜻이 있는 것으로 해석하려고 하지 않았다. 그들은 논리 자체를 구상적, 직관적으로 바로 설명하려고 하였다. 다음 문답이 그것을 대변한다.

"양나라 무제가 달마대사에게 물었으되, (새벽에 일어났지만 아직은 장사에서 이익을 못 볼 것이로다). 어떤 것이 으뜸가는 진리인가. (당분간의 제일이 아닌 제이의 것을 물음이 옳겠도다). 달마대사 답하되, 아무것도 없으니 진리랄 것도 없도다. (배를 가르고 심장을 찌르도다) 무제 말하기를, 나를 대하고 있는 자는 누구인고, (콧구멍 속에 어금니를 보았구나) 달마대사 말하되, 모르겠노라 (머릿골 뒤에 볼때기를 보이다) 무제가 알지 못하다. (모난 나무가 둥근 구멍에 들어가지 않는구나) 달마대사 드디어 양자강을 건너서 소림굴에 이르러 벽을 향하여 9년을 앉다(집안에 쌓아 둔 물건이 없으면 부자가 될 수 없지).

유마 거사가 문수보살에게 물었으되, 어떤 것이 보살의 둘 아닌 법문에 들어가는 것입니까 (묻는 곳은 차례의 몇 번인고) 문수보살 말하되, 나의 생각으로는, (비져서 만들어 가져오다) 일체법에서, (더욱 적음을 싫어함) 말도 없고 설함도 없으며, (불을 잡고 비쳐 보아라) 보일 것도 없고, 알 것도 없으며 (있는 것일까, 아니면 없는 것일까) 온갖 문답을 떠난 (얼마나 낯가죽이 두꺼운가) 이것을 둘 아닌 데에 들어가는 법문이라 한다. (무엇을 둘이라 하는가) 이에 문수보살이 유마 거사에게 묻되, 우리들이 각자가 설하여 마쳤으니, (잘 설하며, 쾌하게 설하다) 그대도 마땅히 설할지니, 무엇이 보살이 둘 아닌 법문에 들어가는 것입니까. 유마 거사 말이 없다(어느 곳으로 갔는가)."

동양의 논리 3. 이슬람의 논리학

논리학은 사물의 본질에 대한 정의라든가, 통각을 확인시켜주는 논증에서 옳고 그른 것을 식별케 하는 원칙에 관한 것이다. 그것은 다음과 같은 방식으로 이루어진다. 지각의 기본은 오감에 의해서 지각되는 감각의 세세이다. 이성을 가진 것이건 그렇지 않은 것이건, 살아있는 모든 존재는 이와 같은 지각에 동참하고 있다. 따라서 인간을 동물과 구별시키는 것은 보편적인 것, 즉 감각의 세계에서 추출된 것들을 지각하는 능력이다. 인간이 이를 성취할 수 있는 까닭은 감각에 의해서 지각된 개별적인 대상물들 모두에게 공통되는 하나의 형상을 자신의 상상력을 통해서 획득할 수 있도록 하는 능력이 있기 때문이다. 그러한 현상은 보편적인 것이다. 그러면 마음은 서로 공통되는 개별적인 대상물들은 물론 또 다른 면에서 공통성을 보이는 다른 대상물들과 서로 비교하게 되고, 그럼으로써 비교의 대상이 되는 두 종류의 대상물들에 모두 합치되는 하나의 형상을 획득하게 된다. 이런 방식으로 추상화는 계속해서 진행되고, 궁극적으로 그 과정은 보편적인 개념에 도달하게 된다. 이 개념은 그것과 일치되는 별도의 다른 보편적인 개념을 용인하지 않는다. 따라서 단순하다.

예를 들면 인간이라는 개별적인 사례로부터 모든 개별적인 사례에 공통되는 종이라는 형상이 추출된다. 그러면 인간은 동물과 비교되고, 거기서 인간과 동물이 서로 공통되는 유라는 형상이 도출된다. 그리고 이것은 다시 식물과 비교되고 마침내 궁극적으로 최고의 단계인 유인 '실체'에 도달하게 된다. 이 '실체'와 일치되는 다른 어떠한 보편적인 개념도 존재하지 않기 때문에, 이성은 더 이상 추상을 행하지 않고 거기에서 중지한다.

신은 인간 안에 사고의 능력을 창조했고, 인간은 그것을 통해서 학문과 기술을 인식한다. 지식은 사물의 본질에 대한 지각, 즉 판단을 수반하지 않는 원시적 지각이거나, 아니면 어떠한 사물이 그러하다는 판단을 수반하는 통각, 이 둘 중의 하나이다.

인간의 사고력은 보편적인 것들을 서로 비교함으로써 구하고자 하는 지식을 획득하며, 그 결과 마음은 외부에 존재하는 구체적인 것들에 공통되는 하나의 보편적 형상을 띠게 된다. 마음에 있는 그러한 형상은 개별적 대상물의 본질에 대한 지식을 준다. 그런가 하면 인간의 사고력은 하나의 사물을 다른 것과 비교함으로써 결론을 내리기도 한다. 이렇게 해서 그의 마음에는 다른 것이 확인된다. 이것이 통각인데, 그것은 궁극적으로 지각으로 환원된다. 왜냐하면 지각하는 것의 유일한 효용은 사물의 실체에 대한 지각을 획득하는 것이고, 그것이 곧 통각적 지식이 도달하려는 목표이기도 하기 때문이다.

인간의 사고력이 이와 같은 과정을 밟아나갈 때 옳은 길로 혹은 그른 길로 진행할 수 있다. 인간의 사고력이 구하고자 하는 지식을 획득하려고 노력을 기울일 때, 이 두 길 가운데 어느 한 쪽의 선택은 옳고 그름을 구별할 수 있는 분별력을 요한다. 이러한 과정이 바로 논리학의 규범이 되었다.

고대인들이 처음 논리에 대해서 논의하기 시작했을 때, 그들은 그것을 경구적 고립적 방식으로 논의했다. 논리학적 방법은 개선되지 못했고, 논리학의 문제점들은 포괄적으로 파악되지 못했다. 마침내 희랍인 아리스토텔레스가 나타났다. 그는 논리학의 방법을 개선하고 그 문제점과 세부사항을 체계화했다. 그는 논리학에게 철학의 제일 분야이자 철학의 입문으로서의 정당한 위치를 부여했다. 그래서 그는 '최초의 교사'라고 불리며, 논리학에 대한 그의 저술이 '원전'이라고 불리게 된 것이다. 그것은 여덟 권으로 구성되어 있는데, 세 권은 추론의 형식에, 다섯 권은 추론이 적용되는 소재에 대한 것이다. 이것은 통각의 대상에 여러 종류가 있기 때문이다. 그중 일부는 본질적으로 분명한 것에 관한 것이지만, 또 다른 일부는 가설적인 것에 관한 것이며 그 단계도 여러 가지다. 따라서 논리학은 구하고자 하는 지식의 관점에서 추론을 연구하는 것이고, 나아가 그 지식의 전제는 무엇이 되어야 하며, 구하고자 하는 지식은 분명한 것인지 아니면 가설적인 것인지에 대해서 탐구하는 것이다. 논리학은 마음에 있는 어떤 특정한 대상이 아니라 추론에 대해서 연구하는 것이며, 오로지 추론이 이루어지는 방식에 대해서 연구하는 것이다. 따라서 제일의 연구는 소재, 즉 어떤 분명한 혹은 가설적인 지식을 주는 소재를 대상으로 하고, 제이의 연구는 추론이 전반적으로 이루어지는 형태와 방식을 대상으로 한다. 그래서 논리학에 대한 책도 8권으로 이루어져 있다.

제1권은 감각의 세계에서 마음이 도달할 수 있는 가장 높은 단계의 추상인 유를 다루며, 유보다 더 높은 단계의 보편적인 유는 존재하지 않는다는 사실을 다룬다. 이것은 「범주론」이라고 한다.

제2권은 다양한 종류의 통각적 명제를 다루며, 「명제론」이라고 한다.

제3권은 추론을 다루고, 추론이 전반적으로 이루어지는 형식에 대해서 다룬다. 이를 「분석론」이라고 하며, 형식의 관점에서 접근한 논리학은 여기에서 끝난다.

제4권은 「논증론」이라고 하는데, 분명한 지식을 가져다주는 일종의 추론에 대해서 탐구하고 있다. 이것은 그 추론의 전제가 왜 분명한 것이어야 하는가 하는 문제에 대해서도 탐구하며, 특히 분명한 지식을 가져다주는 다른 조건들에 대해서도 설명하다. 예를 들면 그 전제가 본질적이고 일차적이어야 한다는 등과 같은 것이다. 이 책은 '한정된 것'과 '정의'에 대한 논의도 포함하고 있다. 그 까닭은 정의는 정의되는 사물과 일치되어야 하고 그 이외에는 어떤 것도 가능하지 않기 때문에, 사람들은 그런 것들이 분명하기를 바라기 때문이다. 따라서 고대인들은 이 책에서 정의를 다루고 있다.

제5권은 「변증론」이다. ‘변증’은 곤혹스러운 상대방의 주장을 어떻게 중단시키고 침묵케 하는가 하는 방법을 보여주는 일종의 추론이며, 그와 같은 목적에 사용되는 유명한 방법들을 가르쳐준다. 또한 이 책은 그와 관련하여 요구되는 다른 조건들에 대해서도 관심을 가지기 때문에 그에 대한 설명도 나온다. 이 책은 추론의 전개과정에서, 구하고자 하는 지식의 양끝을 연결하는 소위 ‘중간 어휘’를 명확하게 하기 위해 활용되는 ‘장’에 대해서도 언급하고 있으며, 아울러 어휘의 전환에 대해서도 다루고 있다.

제6권은 「궤변론」이다. 궤변은 진실의 반대를 가르치는 일종의 추론이며, 이를 통해서 토론자는 상대방을 혼란에 빠트린다. 이 책은 그 목적에 비추어볼 때 사악한 것이지만, 궤변적 추론이 어떤 것인지를 알고 그것에 대비하도록 하기 위해서 쓰였다.

제7권은 「수사학」이다. 수사학은 대중들에게 어떻게 영향을 미쳐 자기가 원하는 대로 그들이 행동하도록 만드느냐 하는 것을 가르치는 일종의 추론이다. 이것은 또한 이와 관련하여 활용되는 연설의 형식에 대해서도 가르친다.

제8권은 「시학」이다. 시는 사람들로 하여금 어떤 것을 하도록 하거나 반대로 기피하도록 하려는 목적으로 은유와 비유를 고안해내는 방법을 가르쳐주는 일종의 추론이다. 또한 이와 관련하여 사용되는 상상의 명제에 대해서도 가르친다.

이상이 희랍인이 저술한 논리에 관한 여덟 권의 책이다. 희랍 철학자들은 논리가 개선되고 체계화된 뒤에는 외연적인 본질이나 그 부분 혹은 우연적인 것들에 상응하는 지각을 제공하는 다섯 가지의 보편적인 것에 대한 논의가 필요하다고 생각했다. 이 다섯 가지는 유, 차이, 종, 특성, 일반적 사건인데, 그들은 다섯 가지의 보편적인 것들에 관한 또 다른 책에서 이 문제를 다루었고, 그것은 이 분야의 입문서로 활용되었다. 이렇게 해서 논리학에 관한 책은 모두 아홉 권을 이루었다.

이들 모두가 이슬람권에 번역되었다. 무슬림 철학자들은 주석을 달기도 하고 축약을 하기도 했는데, 예를 들면 알 파라비니 이븐 시나 혹은 후일 스페인의 철학자인 이븐 루시드가 그러했다.

그 후 근래의 학자들은 논리학의 용어들을 바꾸었다. 그들은 다섯 가지 보편적인 것에 대한 연구에다가 「논증론」에서 채용한 정의와 설명에 대한 논의의 결과를 첨가했다. 그들은 「범주론」을 폐기했는데, 그 까닭은 그것에 대한 논리학자들의 연구가 우연적인 것이었고 본질적인 것이 아니기 때문이었다. 「명제론」에 대해서 그들은 명제의 전환에 대한 논의를 추가했는데, 이것은 고대의 서적들에서 「변증론」 속에 포함되었던 주제이다. 그러나 그것은 어떤 점에서는 「명제론」 속에 들어가는 것이다.

그러고 나서 그들은 추론에 대해 논의할 때, 그것이 일반적으로 구하고자 하는 지식을 제공하는 한에서 논의했을 뿐, 그것이 다루는 소재에 대해서는 관심을 기울이지 않았다. 그들은 추론이 적용되는 소재에 대한 연구, 즉 「논증론」, 「변증론」, 「수사학」, 「시학」, 「궤변론」은 방기했다. 일부 학자들이 간혹 이 책들에 대해서 약간씩 언급하긴 했지만, 대부분은 마치 그런 것이 존재하지 않은 양 소홀히 했다. 그러나 그것들은 이 분야에서 가장 중요한 기초이다.

그 후 그들은 논리학에 관한 저술들에 대해 철저히 토론했고, 논리학을 다른 학문들을 위한 하나의 도구가 아니라 독자적인 분야로서 연구했으며, 그것은 그 주제에 관한 길고도 광범위한 논의를 낳았다 (K. I. al-Muqaddimah. 김호동 역, 2003).

참고문헌

강내원 외 7인(2010). 저널리즘의 이해. 서울: 한울아카데미.
강선보, 신창호(2009). 교육의 이해. 서울: 동문사.
김광수(1990). 논리와 비판적 사고. 서울: 철학과 현실사.
김명진 외 5인(2001). 대중과 과학기술. 서울: 잉걸.
김신일 외 5인(1995). 시민의 교육학. 서울: 한길사.
김영필(2001). 논리와 사고. 울산: 울산대학교출판부.
김정환(1996). 전인교육 어떻게 할 것인가. 서울: 내일을 여는 책.
김종영(2010). 히틀러의 수사학. 서울: 커뮤니케이션북스.
김환석(2006). 과학사회학의 쟁점들. 서울: 문학과 지성사.
박의수 외 3인(2009). 교육의 역사와 철학. 서울: 동문사.
설원태(2007). 저널리즘이란 무엇인가: 명저 30편으로 보는 저널리즘의 핵심 논점. 서울: 엔북.
신중섭(2002). 교육논리와 조기유학. 내외경제신문 2002년 10월 2일.
신창호(2012a). 교육과 학습. 고양: 온고지신.
신창호(2012b). 교육철학및 교육사. 고양. 서현사
신창호(2012c). 유교의 교육학 체계. 서울: 고려대학교 출판부.
신창호(2011). 토론, 살림의 오케스트라. 고대신문. 2011. 9. 5. 5면.
신창호(2010). 함양과 체찰. 서울: 미다스북스.
양태종(2006). 정치연설의 수사적 분석: 키케로의 '제1차 카틸리나 탄핵 연설'을 중심으로. 독일어문학 36. 183－204.
원용진 외 2인(2008). PD 저널리즘. 서울: 한나래.
유재원(2004). 그리스. 신화의 땅, 인간의 나라. 서울: 리수.
이상훈(2011). 기자, 편집된 진실을 말하다: 진실추구의 길목에서 만나는 위험한 복병들. 서울: 지식갤러리.
이재권(1995). 도가철학의 현대적 해석. 서울: 문경출판사.
이효성(1990). 정치언론. 서울: 이론과 실천.
일본과학기술저널리스트회의 엮음(2004). 科學ジャーナリズムの世界. 박성철, 오카모토 마사미 역(2010). 과학저널리즘의 세계. 서울: 한울아카데미.
중앙일보. 2012. 8. 18일자.
中村元(1966). 東洋人の思惟方法. 김지견 역(1990). 중국인의 사유방법. 서울: 까치글

방.

참여연대 과학기술민주화를 위한 모임 편(1999). 진보의 패러독스: 과학기술의 민주화를 위하여. 서울: 당대.

허준(2005). 히틀러의 대중선동술. 서울: 카푸치노 문고.

황수연(2012). 정치 논리가 교육을 지배하는 사회. 대전일보 2012년 6월 10일 23면

Aristotle. *Ethica Nicomachia*. 이창우 외 2인 역주(2006). 니코마코스 윤리학. 서울: 이제이북스.

Aristotle. *Peri Ton Sophistikon Elenchon*. 김재홍 역주(2007). 소피스트적 논박. 파주: 한길사.

Aristotle. Topika. 김재홍 역주(2008). 변증론. 서울: 길.

Cicero. M. T. *Partitiones Oratoriae*. 안재원 편역(2006). 수사학: 말하기의 규칙과 체계. 서울: 길.

Irwin. A.(1995). *Citizen Science*. 김명진 외 2인 역(2011). 시민과학. 서울: 당대.

Jaspers. K.(1986). *Der Artz im technischen Zeitalter*. 김정현 역(2010). 기술시대의 의사. 서울: 책세상.

Khaldun. I. al-Muqaddimah. 김호동 역(2003). 역사서설. 서울: 까치글방.

Lakoff. G.(2004). *Don't think of an Elephant!: Know your values and frame the debate*. 유나영 역(2006). 코끼리는 생각하지마. 서울: 삼인.

Lakoff. G.(2007). Whose Freedom?: The Battle over America's Most Important Idea. 나익주(2011). 역. 자유는 누구의 것인가. 파주: 웅진지식하우스.

Liddell. H. G. & Scott. R.(1909). *Liddell and Scott's Greek-English Lexicon*. Oxford: Clarendon Press.

Nelkin. D.(1995). *Selling Science*. 김명진 역(2010). 셀링 사이언스. 서울: 궁리.

Peters. R. S.(1981). *Ethics and Education*. 이홍우, 조영태 역(2003). 윤리학과 교육. 서울: 교육과학사.

Plato. *Gorgias*. 김인곤 역주(2012). 고르기아스. 서울: 이제이북스.

Plato. *Politeia*. 박종현 역주(1997). 국가. 서울: 서광사.

Plato. *Politikos*. 김태경 역주(2001). 정치가. 서울: 한길사.

Reuth. R. G.(1994). Goebbels. 김태희 역(2006). 괴벨스, 대중 선동의 심리학. 서울: 교양인.

Schopenhauer. A.(1864). *Dialektik*. 김재혁 역(1997). 논쟁에서 이기는 38가지 방법. 서

울: 고려대학교출판부.

Tony Harcup(2009). *Journalism: Principles and Practice*. 황태식 역(2011). 저널리즘: 원리와 실제. 서울: 명인문화사.

Ungerer. F. & Schmid. H－J.(2006). *An Introduction to Cognitive Linguistic*. 임지룡, 김동환 역(2010). 인지언어학 개론. 파주: 태학사.

Vallant. H. *La Pensee Formelle*. 강주헌 역(1989). 인간과 논리. 서울: 예하.

Wajcman. J.(1991). 조주현 역(2001). 페미니즘과 기술. 서울: 당대.

저자소개

신창호

고려대학교 문학사(교육학 · 철학)
한국학중앙연구원 문학석사(철학)
고려대학교 교육학 박사(Ph.D 한국교육철학)
사단법인 유도회(儒道會) 한문연수원 교수
현 고려대 교육학과 교수

[주요저서]
유교사서의 배움론 (2011, 온고지신. 2012 문화관광부추천우수도서선정)
교육과 학습 (2012, 온고지신)
사람 하나를 심어 백을 얻어야(2009, 서현사. 2010 문화관광부추천우수도서선정)
예비교사를 위한 교육철학 및 교육사 (2012, 서현사) 외 다수
이메일 sudang@korea.ac.kr

장지원

고려대학교 교육학과 졸업
고려대학교 교육학 박사(Ph.D 교육철학 및 교육사학)
경희대학교, 강릉원주대학교 강사
현 고려대학교 교육문제연구소 연구교수

[주요논저]
동양교육사상사(공저)(2012, 서현사)
교육사상의 역사(공저)(2009, 집문당)
현대교육철학의 다양한 흐름2(공역)(2009, 학지사)
공자와 플라톤의 교육목적론 비교연구(2007) 외 다수
이메일 batboy78@korea.ac.kr

예비교사를 위한
교육학 논리 및 논술

2012년 8월 20일 1판1쇄 인쇄
2012년 8월 25일 1판1쇄 발행

지은이 | 신창호 · 장지원
펴낸이 | 조재성
펴낸곳 | 서현사
(410－817) 경기도 고양시 일산동구 중앙로 1055번지 레이크하임 206호
(경기도 고양시 일산동구 백석 2동 1332－1 레이크하임 206호)
전화 031－919－6643 팩스 031－912－6643
등 록 | 2002년 8월 14일 제03－01392호
ISBN | 978－89－94044－46－0 93370
정 가 | 14,000원